Bedeutung

Willi Stannartz

© 2024 Willi Stannartz

Druck und Distribution im Auftrag des Autors Willi Stannartz:
tredition GmbH, Halenreie 40-44, 22359 Hamburg, Deutschland

ISBN
Paperback   978-3-384-34264-5
Hardcover   978-3-384-34265-2
e-Book   978-3-384-34266-9

Bedeutung

"living in the world of bookes"

1

Wenn das Meiste nicht von ultimativer Wesentlichkeit ist, was ist letztendlich die Gegebenheit von ultimativer Bedeutung? Ultimativ in dem Sinn

- daß diese Bedeutung keinem Zweifel unterliegt,

- daß neben ihr keine weiteren Gegebenheiten gleicher ultimativer Bedeutung existieren,

- sodaß es sich dabei um die alleinige Wesentlichkeit von ultimativer Bedeutung handelt.

Bei dieser Gegebenheit handelt es sich um die Existenz an sich, da alles von ihr abhängt und ohne sie es nichts gibt.

Die Frage ist inwieweit diese Feststellung beziehungsweise diese Tatsache für die Wirklichkeit des Lebens der Menschen von Belang ist, also abgesehen von ihrer intrinsischen und existentiellen Wesentlichkeit, die dem Leben sowie allem und jedwedem als Selbstverständlichkeit zugrunde liegt respektive dessen Substanz ausmacht. Auch ohne daß sie in der konkreten Verrichtung des Daseins also im Bewußtsein der menschlichen Individuen Berücksichtigung findet. Mit der Frage, ob ei-ne solche Berücksichtigung in der praktischen Daseinsgestaltung möglich ist, ob mit deren Geschehen und Durchführung vereinbar und wie dies sich vollziehen könnte. Und natürlich sollte, indem das Dasein letztendlich nur mit diesem Bewußtsein seine wahre Bedeutung erlangen kann. Eine seiner wahren Kostbarkeit angemessene Qualität, da sich ein wahres existentielles Bewußtsein nur auf solche einlassen und mit ihr zufrieden geben würde. Da sich Gestalt und Gehalt der konkreten Wirklichkeit aus dem Bewußtsein ergeben und von ihm gestaltet und in seiner Art und Weise geschaffen werden.

Somit käme es auf das Wesen des menschlichen Bewußtseins an, seine Überzeugungen, ob diese sich jemals auf den existentiellen Gehalt des Daseins erstrecken und das Dasein entsprechend ausrichten. Ob sich ein dahingehendes Verständnis erweckt und die Oberhand gewinnt, und wenn auf welche Weise dies geschehen könnte, wie die Menschen es selbst zustande bringen könnten, daß sich die Vorteile eines solchen Bewußtseins und entsprechenden Daseins sich seiner Erkenntnis offen-baren. Wenn die Erkenntnis bereits eine Garantie für die Verwirklichung wäre.

Gegebenheiten, die von den Menschen für von großer und gar ausschlaggebender Bedeutung gehalten werden, sind überaus zahlreich, wobei man danach unterscheiden würde ob es sich jeweils um solche handelt die nur in der Vorstellung des jeweiligen Individuums dafür gehalten werden, oder ob die Bedeutung wie etwa im Falle der Ernährung implizit gegeben ist. Im Unterschied zu diesen die Gegebenheiten denen die Menschen solche Bedeutung zuweisen ohne daß es sich bei ihnen um lebenswichtige handelt und die einem Wandel der Einschätzung zugänglich wären. Als Beispiel der letzteren wären Kriege zu nennen, wobei man jedoch einen Wandel der Einschätzung nicht ohne weiteres stipulieren kann, selbst wenn diesem keine offenbaren im Gegensatz etwa zu wesensmäßigen entgegen zu stehen scheinen. Wenn die Anzeichen jedenfalls dafür sprechen daß ein Wandel des Bewußtseins von der Unentbehrlichkeit des Krieges hin zu dessen Undenkbarkeit nichts als Vorteile für die Menschen bedeutet.

Die Menschheit existiert seit langer Zeit, ob in ihrem Bewußtsein schon voll oder noch weniger ausgebildet. Wenn man allerdings von dem Zeitraum spricht in welchem von geistigem intellektuellem Bewußtsein geredet werden kann so ist es kaum möglich, den Anfang von Mensch-sein einerseits und intellektuellem Bewußtsein andererseits genau fest-zulegen, das heißt wenn man einen solchen Unterschied überhaupt machen will oder den Begriff Mensch erst ab dem Zeitpunkt gelten lassen will ab dem die Individuen sich des Bewußtseins bedient haben um sich Fragen zu widmen, die über die Gegebenheiten der konkreten Realität hinausgehen und sich auf gedankliche und bewußte Weise mit der Existenz als solcher zu befassen. Im Unterschied zum tierischen Bewußtsein das sie damit hinter sich lassen.

Wo deutlich wird daß dieses Bewußtsein eine Entwicklung vollzogen hat welche zu ständig größerer Klarheit der Erkenntnis führte wie sie in Bezug auf Beschaffenheit der Grundlagen, Ursachen und Zusammen-hänge dieser Existenz bestehen. Mit der Einschränkung, daß man aller-dings nach wie vor im Ungewissen ist über die Entfernung der gewonnenen Erkenntnisse dieser Wirklichkeit, sowohl der Strecke die man zu-rückgelegt hat wie auch derjenigen die noch von der Endgültigkeit solchen Verstehens trennt, sollte diese vom Menschen jemals erreicht werden können.

Es hat freilich an Beispielen nicht gefehlt, in denen Individuen angesichts der Immensität des Weltalls in ihrem Bewußtsein Ahnung vom

Wesen des Wunders dieser Existenz gespürt und erlebt haben. Es ist jedoch das Fehlen an Nachhaltigkeit solcher Erkenntnis – respektive deren völlige Abwesenheit – die als hauptsächliche Ursache dafür zu sehen ist, daß das menschliche Dasein nicht über die Qualität verfügt, die seiner Bedeutung als Teil und Manifestation der Existenz angemessen ist. Auch wenn es an entsprechenden Ermahnungen keineswegs gefehlt hat, wenn im Gegenteil auf diese Kostbarkeit immer wieder hingewiesen worden ist und eindringliche Appelle zu deren Wertschätzung und Berücksichtigung zum Ausdruck gebracht. Ohne jedoch in der allgemeinen Lebenswirklichkeit auf fruchtbaren Boden zu fallen oder sich auf die Qualität des Daseins entscheidend auszuwirken.

Wo man vor der Frage steht ob ein solches Bewußtsein des Wunders der Existenz mit der Verrichtung der konkreten Lebenswirklichkeit zu vereinbaren sein mag. Und wenn ja in welcher Weise dies geschehen könnte. Und zuvor ob überhaupt ein solches Interesse der menschlichen Individuen im allgemeinen gegeben oder genauer gesagt zu er-wecken sein könnte, worüber man weder über Gewißheit verfügt noch auch die Angelegenheit mit Sicherheit für unmöglich zu halten und damit unbedingt Recht zu haben. Wenn eventuell das Bewußtsein der Menschheit dahingehend bereits in fortwährender Höherentwicklung begriffen sein mag, die Hoffnung daß eine ständig wachsende Vergegenwärtigung der Einzigartigkeit dieses Wunders und der Kostbarkeit des Vorhandenseins des menschlichen Individuums in seiner kosmischen Situation keineswegs jenseits der Möglichkeiten und Erwartungen liegen mag.

Dem gegenüber steht die Tatsache, daß man solchen Hoffnungen immer wieder und mit Überzeugung Ausdruck verliehen hat, ohne sich von ihrem Ausbleiben von weiteren abhalten zu lassen. Wo

Fortschritte der Lebensqualität in großen Teilen nicht zu übersehen sind und da-her zur Zuversicht verleiten, daß nicht nur die Qualität der äußeren Lebensbedingungen sich ständig verbessert sondern daß auch die Qualität des menschlichen Zusammenlebens eine Zunahme aufzeigt. Daß aber andererseits gravierende Defizite sich praktisch seit eh und je unverändert zeigen, was eben nicht für eine jedenfalls grundlegende und umfassende Verbesserung der Lebensqualität spricht. Sodaß sich die eindeutigen Fortschritte auf die materiellen Aspekte des Daseins beziehen und beschränken. Wo die menschlichen Individuen sich jedoch nicht als die Wesen größter Kostbarkeit auffassen die die Existenz in ihrer Unermeßlichkeit hervorgebracht hat. Dementsprechend die zum weiten Teil verächtliche Betrachtung und Behandlung die sie sich gegenseitig zuteil werden lassen, nicht als als Schöpfungen der Existenz wie sie selbst, die es zu achten gilt, sondern als Gegenstände die man in Kriegen zu vernichten trachtet und eher als Konkurrenten denn als Mitbewohner des heimatlichen Planeten Erde ansieht.

Es ist klar daß die Geschöpfe der menschlichen Frühzeit, sofern man sie bereits als voll ausgebildete menschliche Individuen bezeichnen will, nicht in Begriffen einer gemeinsamen Menschheit denken konnten, wenn sie in Familien- oder Stammesgruppen umherzogen. Und selbst wenn man vor und zunach seßhaft wurde doch über keine Mittel der Kommunikation verfügte mit denen man hätte mit Individuen in anderen Teilen der Erde in Verbindung treten oder gar eine politische Ver-einigung eingehen können. Wenn schon solcher Gedanke außerhalb jeden Vorstellungsvermögens gelegen hätte. Dafür aber war der Ge-danke der Vernichtung der Mitmenschen umso allgegenwärtiger.

Nachdem man durch Reisen Kenntnis von anderen Ländern und Erd-
teilen erworben hatte stellte sich dennoch das Bewußtsein einer Gemeinsamkeit der Menschheit erst später ein, ein Bewußtsein das
freilich von der Überzeugung einer wirklichen Gemeinschaft und gar
von einer politischen Vereinigung der Menschheit immer noch weit
entfernt war und ist. Für eine wirkliche Vereinigung hätte es bei den
existierenden Verhältnissen der Vergangenheit keine Möglichkeit
der dazu erforderlichen Organisation gegeben, sodaß alleine von daher ein entsprechen-des Bewußtsein nicht entstehen konnte. Mehr
noch als diese praktischen Hindernisse spielte jedoch das Bewußtsein eine abweisende Rolle, daß man sich als Teil einer gesellschaftlichen Gemeinschaft sah, die mit anderen nichts gemein hatte und
auch nicht haben wollte, und schon gar nicht etwas das einen Zu-
sammenschluß nahegelegt oder zugelassen hätte. Da man die Zukunft nicht im voraus sehen kann muß die Frage offen bleiben, wie
die Situation in dieser Hinsicht in Zukunft aussehen wird.

Traditionell gründete sich das Bewußtsein mit seinen entsprechenden Verhaltensweisen auf der Bestätigung der eigenen Überlegenheit und entsprechender Minderwertigkeit anderer Individuen und
Gesellschaf-ten. Indem sich die Vorstellung von der Gleichheit der
Menschen im Laufe der Zeit erst allmählich entfaltete ohne von vorneherein als undenkbar und unmöglich zu erscheinen. Diese Be-
wußtseinsentwicklung zog jedoch keineswegs eine entsprechende
Umsetzung in die Wirklichkeit nach sich, da als wesentliches Denk-
und Handlungsmotiv nach wie vor die Durchsetzung eigener Interessen diente. Was größtenteils eben auf Kosten und zu Lasten und
zum Nachteil anderer geschah. Die aus-schlaggebende Frage ist jedoch dahingehend zu sehen, ob diese Interessen wirklich den Individuen selbst wenn schon nicht anderen auf beste Art und Weise zu
dienen geeignet waren. Unabhängig von oder eventuell entgegen

der Überzeugung der Gewißheit, mit der die Menschen diese in Bewußtsein und Dasein vertraten.

Tatsache ist daß der Gedanke einer gemeinsamen Menschheit und be-sonders im Sinne einer politischen Vereinigung in irgendeiner Form nach wie vor nur vereinzelt und andeutungsweise zu vernehmen ist und keineswegs allgemeines Bewußtsein und Überzeugung darstellt, sondern davon weit entfernt ist. Wie weit weiß man nicht da man die Zukunft nicht kennt. Wenn die Situation eventuell aber auch jetzt schon bedeuten kann, daß an der Verwirklichung des Gedankens kein Weg vorbei führt, um abgesehen von allen anderen Vorzügen und Vor-teilen eventuellen Katastrophen gemeinsam begegnen zu können, für deren Verhinderung oder Bekämpfung es der Mitwirkung der ganzen Menschheit bedarf.

Es kann natürlich sein, und der Gedanke besitzt auf Anhieb die überwältigend größere Wahrscheinlichkeit, daß unüberwindbare Schwierigkeiten und Hindernisse einem solchen Vorhaben der Vereinigung entgegenstehen und daß man ein solches daher erst gar nicht ins Auge fassen und in Angriff nehmen würde. Wenn auch in dieser Hinsicht wie bei praktisch Allem das Bewußtsein die entscheidende Rolle spielt. Das Bewußtsein vor allem, die eigenen Privilegien nicht aufs Spiel setzen und die Möglichkeit der eigenen größtmöglichen Entscheidungsfreiheit nicht einbüßen zu wollen. Mit der Befürchtung, daß man dabei mehr verlieren als gewinnen könnte. Die Frage ist, ob über die zu gewinnen-den Vorzüge und Vorteile wirkliche Klarheit herrscht. Obschon jeder-mann sogleich einwenden würde, daß man selber am besten weiß und beurteilen kann, worin die eigenen Interessen und vor allem die eigenen Neigungen und Wünsche bestehn. Und daß in solcher Überzeugung der Gewißheit die größten Hindernisse für den Fortschritt und den Wandel zu größerer Qualität des Daseins liegen.

Oft genug hat es sich herausgestellt, daß man durch entsprechende Erfahrungen mit der Wirklichkeit in vielen Angelegenheiten zu einer besseren Einsicht und der Gewißheit gelangt war, daß neu gewonnene Erkenntnisse und Überzeugungen den hergebrachten überlegen waren. Erfahrungen gegen die man sich zuvor gesträubt hatte und denen man ablehnend gegenüber stand. Indem man im Nachhinein mit Klarheit und Deutlichkeit die Defizite erkennen konnte, die mit dem hergebrachten Bewußtsein und der darauf basierenden überkommenden Daseinsweise wesensmäßig verbunden gewesen waren und die man mit einem neuen überlegenen Bewußtsein abstellen und durch ein besseres Dasein ersetzen konnte.

Worüber jedoch Einmütigkeit besteht, selbst wenn das konkrete und reale Verhalten solcher Erkenntnis nicht immer und vielleicht öfter nicht als doch entspricht ist jedenfalls eine Einigkeit darüber, daß den materiellen Anforderungen, die an den Planeten Erde gestellt werden, von diesem auf Dauer nicht mehr entsprochen werden können ohne daß gravierende Schäden entstehen die sich auf die menschlichen Individuen selbst auswirken und dann nicht mehr zu ignorieren und eventuell nicht mehr oder nur äußerst langfristig abzustellen sind. Sodaß eine Notsituation den Bewußtseins- und Daseinswandel unumgänglich machen würde indem man letztlich das zuvor Undenkbare, die Vereinigung der Menschheit zum Zweck des gemeinsamen Handelns für zwingend geboten halten muß. Ein Zwang zur Gemeinsamkeit der die her-gebrachten Partikularinteressen kleinlich und schädlich erscheinen läßt. Wenn zu diesem Zeitpunkt nicht schon gravierende Schäden entstanden sein könnten die durch rechtzeitiges Handeln hätten verhindert werden können.

In solcher Situation – selbst wenn eventuell nicht vorher – käme dem Bewußtsein mehr als je zuvor in der Menschheitsgeschichte die Erkenntnis zu Hilfe, daß sich viele der offensichtlichen Defizite des Da-seins, vor allem die das Glück, Zufriedenheit und Wohlbefinden des menschlichen Individuums beeinträchtigenden, weitgehend auf die vorwiegende Betonung und Wertschätzung der materiellen Seite und Gegebenheiten dieses Daseins zurückführen lassen. Eine Einseitigkeit in der vor allem die Hauptursache für die Situation der Gefährdung zu sehen ist, mit denen die Erde und somit die menschlichen Individuen sich konfrontiert sehen und der es zu begegnen gilt.

Überaus förderlich wäre daher eine Verschiebung des Akzents des Da-seins von der Hauptsächlichkeit des materiellen hin zum geistigen Bewußtsein, welche eine weniger beanspruchende daher wohltuende Auswirkung auf die Daseinsweise mit sich bringt. Freilich ist die Verrichtung der materiellen Angelegenheiten des Daseins zum großen Teil lebensnotwendig. Ausschlaggebend ist jedoch, mit welchem Bewußtsein diese Verrichtung erfolgt, im besten Falle eine die das Wohl des Planeten und der Menschheit im Auge hält und daher die Anforderungen sich nicht auf überflüssigen Luxus und sinnwidrige und existenz-feindliche Auseinandersetzungen ausdehnen läßt. Sollte sich ein solcher Bewußtseinswandel als unmöglich erweisen, indem er sich der Einstellung die mit der Durchführung der Verrichtungen des konkreten Daseins verbunden und erforderlich sind entgegenstellt, oder daß die menschlichen Individuen wesensgemäß dazu nicht ausgelegt sind, oder daß es einfach am entsprechenden Klarblick bezüglich der zu erzielen-den Vorteile und der dadurch vermeidenden Nachteile und Defizite mangelt, so wird doch die Hoffnung auf eine entsprechende letztendliche Entwicklung des

Bewußtseins des Wunders der Existenz und der Kostbarkeit des Daseins in keiner Weise verschwinden sondern seine Vorherrschaft zusehends geltend machen.

2

Wenn man sich vor Augen führt und ins Bewußtsein ruft, daß es sich bei der Existenz um ein Wunder und dem Dasein und insbesondere bei den menschlichen Individuen um eine Kostbarkeit handelt, so muß man unwillkürlich zur Auffassung gelangen, daß solche Bewunderung bei der Betrachtung weiter Bereiche des menschlichen Daseins und Verhaltens nur schwer aufrecht zu erhalten sein mag, in vielen Fällen eher die Reaktion der Abstoßung hervorruft. Dies tut zwar dem grund-legenden Tatbestand der Kostbarkeit keinen Abbruch, indem dieser sich auf das menschliche Wesen als solches bezieht, abgesehen von seinem Verhalten und der Weise wie es sein Leben zubringt .

Optimal wäre die Situation freilich wenn dieser Aspekt der Kostbarkeit den obersten Platz im menschlichen Bewußtsein einnähme, was quasi und praktisch schon eine Garantie für eine unmittelbar fördernde Aus-wirkung auf die Qualität des Daseins der Daseinsweise ausmachen würde. Indem sich ein Verhalten abstoßender Art mit solcher Kostbarkeit nicht vereinbaren läßt. Und gemeint sind nicht nur offensichtlich widerwärtige Verhaltensweisen sondern alle und jedwede, eben auch die der versteckten Art, die der Auffassung der Kostbarkeit des menschlichen Lebens entgegenstehen, solchen bei denen man die Hochachtung vor dem Leben beteuert doch das Verhalten offensichtlich vom Gegenteil zeugt. Ein Gebaren das sich der

Unvereinbarkeit entweder nicht bewußt ist oder das man für selbstverständlich hält.

Die Rede muß insbesondere von militärischer Aufrüstung und Krieg sein, welche ihrem eigentlichen Zweck entsprechend der Vernichtung menschlichen Lebens dienen. Deren dieser Einstellung zugrunde liegende existentielle Ungeheuerlichkeit man sich nicht klarmacht. Die technologisch immer effektivere Wirksamkeit und die somit stets zu-nehmende Verheerung ruft zwar gewisse Bedenken hervor, die im Falle der Nuklearwaffen letztlich wirklich dazu führen mögen, daß man zumindest auf deren Anwendung verzichtet, wofür jedoch keineswegs eine Garantie besteht in Fällen, in denen die eigene Existenz auf dem Spiel steht. Außerdem sind die außer diesen zur Verfügung stehenden technologischen Tötungs- und Vernichtungsinstrumente mittlerweile von einer Effizienz die erschaudern lassen. Und wenn auch davon abgesehen die Tötungsmethoden auch vergangener Zeiten genügten, um anderen grausame und unmenschliche Schäden zuzufügen.

Die Notwendigkeit und Selbstverständlichkeit kriegerischer Auseinandersetzung zieht man jedenfalls nicht in Zweifel, und kann sich dabei auf die Tradition der Menschheitsgeschichte berufen, die mit am stärksten von Kriegen geprägt ist. Deren Selbstverständlichkeit wo und wenn nicht Natürlichkeit kaum jemals in Zweifel gezogen worden ist, nicht abgesehen von vereinzelten Stimmen die es jedoch nie vermochten, einen entscheidenden Einfluß auf das allgemeine Bewußtsein der Menschheit und somit auf die Lebenswirklichkeit auszuüben.

Somit steht man vor der Frage, ob ein grundsätzlicher Verzicht auf kriegerische Auseinandersetzungen jemals stattfinden wird, ob die Natur und das Wesen der menschlichen Persönlichkeit einen solchen Verzicht zuläßt um sich stattdessen auf Auseinandersetzungen friedlicher Art zu beschränken. Wenn es schon so sein sollte daß auch aggressive Auseinandersetzungen unabdingbar zum Dasein und zum Menschen dazu gehören, so jedoch daß man zumindest die direkte Bedrohung des Lebens der Mitmenschen vermeidet. Selbst wenn auch psychische Schäden mit solchen Auseinandersetzungen verbunden wären und eher als nicht wahrscheinlich sind und oft genug auch einen tödlichen Ausgang zur Folge haben können. Sodaß sich das Dasein im besten Falle so abspielt und es der Menschheit obliegen muß auch solche Schäden nach bester Möglichkeit zu vermeiden, welchem Zweck natürlich dadurch am besten gedient ist wenn das zwischenmenschliche Verhalten durch gegenseitiges Wohlwollen geprägt ist. Und wo letztendlich sowieso kein anderes in Frage kommen kann sollte der Kostbarkeit des Daseins und der menschlichen Individuen Rechnung getragen werden.

Ein solches Bewußtsein der Unbegreiflichkeit militärischer Aufrüstung und ihrer Anwendung stellt sich insbesondere bei Berücksichtigung der Verhältnismäßigkeit ein. Die Vorstellung des Bildes, das sich dem Kosmos bei seinem Blick von außen her auf die Geschehnisse und Gegebenheiten auf der Oberfläche des irdischen Planeten darbietet kann dort unmöglich ein Bewußtsein und Berücksichtigung der Kostbarkeit ihres Planeten und ihrer Situation im Weltall ausmachen. Wobei dieser Blick von vorneherein sowieso durch die Relation geprägt ist, die die Winzigkeit des irdischen Himmelskörpers in der Immensität des Uni-versums praktisch verschwinden läßt. Sodaß die menschliche Wahrnehmung und Auffassung die aus der beschränkten Sicht von der Erdoberfläche her geneigt ist, ihre Lebenswirklichkeit für die absolut wesentliche und ausschließlich wichtige und vor allem auch richtige zu halten, ihre Betrachtung offensichtlich ohne Berücksichtigung der Verhältnismäßigkeit vornimmt.

Welches existentielle Mißverhältnis freilich die menschlichen Wesen in keiner Weise davon abzuhalten vermochte sich so vorzukommen und zu verhalten, als handele es sich bei ihrem konkreten Dasein und ihrer Person um die wahre Wesentlichkeit die dieses Universum aufzuweisen hat. Daß sogar die Existenz als solche neben diesem Bewußtsein auf ihre Berücksichtigung verzichten muß. Was freilich der Existenz als solcher weniger schadet als den Individuen, mit den Defiziten für Person und Dasein die sich aus diesem Mißverhältnis ergeben. Sodaß alles da-rauf ankommt, daß die ultimative Kostbarkeit der Existenz die Ober-hand im menschlichen Bewußtsein gewinnt und eine Verhaltens- und Daseinsweise bewirkt und nach sich zieht, die diesem Bewußtsein Rechnung trägt und alles unterläßt, was diesem entgegensteht.

Wenn ein existentielles Bewußtsein sich die Geschehnisse der Menschheitsgeschichte vergegenwärtigt, so versagt das Verständnis für viele der Situationen, die angefangen im Großen – ganze Populationen – wie auch im Kleinen – einzelne Individuen – betreffend Zeugnis davon ab-legen, daß ein Geist des Wunders und der Kostbarkeit der Existenz von dieser Situation und somit dem Bewußtsein derart weit entfernt ist. Aber selbst auch ohne deren Vergegenwärtigung übersteigt es jedoch eigentlich den Verstand, wie man sich mit den zahllosen unmenschlichen Exzessen abzufinden vermochte, die diese Menschheitsgeschichte aufweist. Wie diese geschehen konnten, warum nicht eine innere Stimme den Menschen die Unsäglichkeit ihres Verhaltens vorhielt. Warum wenn es eine solche Stimme gegeben hätte man diese nicht für die wesentliche gehalten hätte sondern sie von einer anderen der unmenschlichen übertönen ließ.

Wenn man die Hoffnung nicht aufgeben will, daß im Verlaufe der weiteren Geschichte zunehmend die Auffassung Oberhand gewinnt, daß diese Art von Exzessen wie man sie immer wieder für gerechtfertigt hielt bis hin zu unpersönlichen technologischen Tötungsmaßnahmen, von denen man nicht weiß ob man glauben soll, daß sie gerade wegen dieser Unpersönlichkeit an Unmenschlichkeit alles Vorherige übertreffen. Ob die Menschheit zu einer überlegeneren, einer menschlicheren Einsicht gelangt. Obschon solcher Optimismus immer wieder geäußert und immer wieder enttäuscht worden war.

Doch auch wenn man sich statt den Exzessen großen Stils dem Verhalten auf individueller Ebene zuwendet, so läßt sich hier ebenso ein Mißverhältnis zur Kostbarkeit des Daseins feststellen. Das heißt wenn eine solche Unterscheidung zwischen groß und klein überhaupt sinnvoll ist und wenn nicht beide Ebenen derart einander bedingen, daß die eine nur mit der anderen denkbar ist. Denn auch die Geschehnisse großen Formats gehen letztendlich auf die Initiative von Individuen und die Durchführung durch diese zurück. Insbesondere spielen sich alle im Rahmen und unter den Bedingungen des jeweiligen Zeitgeistes ab. Eines Geistes, bei dem das Wunder der Existenz und die Kostbarkeit des Daseins nicht an erster Stelle steht, daß heißt wenn diesem Aspekt überhaupt Beachtung zuteil wird, das heißt dem Bewußtsein in dem Klarheit herrscht, welches Wunder es darstellt und bedeutet, daß je-dem menschlichen Individuum die unfaßbare Begünstigung vergönnt ist, im endlosen Universum zugegen zu sein und darüber hinaus zu einem Bewußtsein imstande, dieses unermeßliche Privileg erkennen und zu würdigen zu können.

Freilich sind die realen Bedingungen der konkreten Wirklichkeit im all-gemeinen nicht dazu angetan, die Bildung eines solchen Bewußtseins zu fördern oder überhaupt zuzulassen. Das Bewußtsein, das sich mit dieser Lebenswirklichkeit verbindet, respektive in der gegebenen Art entstehen und geschehen läßt, oder letztlich nach solcher verlangt, legt Zeugnis davon ab, daß dieser privilegierten Situation so gut wie keine Beachtung geschenkt wird und wenig Wertschätzung erwiesen, da die konkrete Situation in der man sich befindet dazu keine Gelegenheit läßt und wenig Anlaß bietet. Da das Individuum ganz und gar mit deren Bewältigung befaßt ist, die im allgemeinen die ganze Aufmerksamkeit und Hingabe erfordert.

Mit ebenso großer Wahrscheinlichkeit läßt sich natürlich davon ausgehen, daß ein Bewußtsein der Kostbarkeit aus dem Grunde nicht vor-herrschend respektive großenteils gar nicht existent ist, weil von Seiten der Menschen kein Interesse für dieses höhere Bewußtsein besteht. Daß man im Gegenteil mit den Gegebenheiten und Begebenheiten des konkreten Daseins voll und ganz beschäftigt ist und dies für den voll-wertigen Inhalt und Gehalt des Daseins hält welches es möglichst erfolgreich zu bewältigen gilt. Und darüber hinaus kein Bedarf und Bedürfnis für weitere und insbesondere Belange höherer Geistigkeit besteht. Ausgehend von der Annahme daß wenn man eine solche Vor-dringlichkeit verspürt hätte man schon immer darauf gedrungen hätte diese zu realisieren, das Dasein entsprechend zu gestalten, diesen Aspekten Beachtung und Wertschätzung zukommen zu lassen.

Die Bedingungen und Geschehnisse der irdischen Lebenswirklichkeit und somit des Bewußtseins beschränken sich größtenteils auf die Örtlichkeit des Planeten, ohne daß eine Vergegenwärtigung seiner Eingebundenheit in die unendlich weitere und wesentlichere

Dimension des Universums als solchem besteht. Wobei dieses Universum nicht nur sinnbildlich sondern von seiner Substanz her die Manifestation der Existenz als solcher ist, das heißt von Allem und somit der menschlichen Individuen selbst und ihrem Dasein. Daß sich aus diesem verkleinerten Maßstab zum Teil gravierende Distortionen für die Art des irdischen Bewußtseins und Daseins ergeben kann andererseits auch wie-der nicht verwundern, denn die Gegebenheiten dieser kleineren Lokalität nehmen fast unweigerlich für sich genommen den Charakter der Wesentlichkeit an, weil die existentiellen Aspekte im Dasein im allgemeinen keine konkrete Rolle spielen und daher auch keine Berücksichtigung finden.

Wenn diese Gegebenheiten des kleineren Maßstabs als Hauptsache und eigentliche Wesentlichkeit gelten so folgt daraus, daß man sein Leben und seine Person voll und ganz für diese einsetzt und ihretwegen aufs Spiel setzt. Ohne bewußt zu sein, daß solcher Einsatz sinngemäß in der Hauptsache für die Gegebenheiten der wahren Wesentlichkeit erfolgen sollte und daß diese eben nicht in denen der konkreten Situation und Ebene der Daseinswirklichkeit gegeben sind. Da Dasein und die menschlichen Individuen als Manifestationen des Wunders der Existenz jedoch teilhaftig an deren Kostbarkeit sind so folgt daraus, daß kein Einsatz dieses kostbaren Lebens um minderwertiger Gegebenheiten willen von wahrem Wert sein kann und es rechtfertigt, daß man die ihretwegen gefährdet und aufs Spiel setzt.

Es kann aber wenig Zweifel daran geben, daß die Lebenswirklichkeit, die Verhaltens- und Daseinsweise auf der Erde dieser Maßgabe weit-gehend nicht entspricht und der existentiellen Situation nicht gerecht wird. Woraus eine Schieflage resultiert, eine Situation die nicht das Bewußtsein der Kostbarkeit des Lebens und Maßnahmen zu seiner Beachtung, Bewahrung und Wertschätzung als maßgebliche Aufgabe und Auftrag vorsieht. Daß man das Gegenteil, die Mißachtung und gar die Vernichtung des Lebens für eine Selbstverständlichkeit, für eine immer wieder gebotene Notwendigkeit hält. Und alle erdenklichen Bemühungen und Vorkehrungen für solche Zwecke trifft, ohne daß die damit verbundene Ungeheuerlichkeit die menschlichen Individuen davor zu-rückschrecken lassen. Ohne Einsicht in den Widersinn der damit zum Ausdruck kommenden Unverhältnismäßigkeit. Oder im Irrsinn eventuell der Überzeugung, sich über diese Einsicht zum Erreichen anderer Ziele hinwegsetzen zu sollen, denen man in falschem Bewußtsein höhere Bedeutung beilegt.

So ist es unbegreiflich, daß die gesamte Welt tatenlos zuschaut wie ei-ne Stadt und ein ganzes Gebiet mitsamt seiner Menschen so bombardiert wird daß es dem Erdboden gleichgemacht ist. Ohne daß auf alles dort existierende Leben Rücksicht genommen wird oder eventuell mit der vollen Absicht alle Individuen umzubringen und alles dem Boden gleichzumachen. Ohne daß die gesamte Welt der Auffassung ist daß solchem Geschehen Einhalt geboten werden muß da man es als Mensch es nicht aushalten könnte solche Greuel mit anzusehen. Genau so wenig wie zu begreifen daß Menschen anderen solche Greuel antun. Wofür eine Erklärung darin zu sehen ist, daß das allgemeine Bewußtsein nicht zu der Einsicht und Überzeugung gelangt ist, daß es sich bei dem Leben um die größte Kostbarkeit handelt und daß die Menschheit mit solchem Bewußtsein eine solche Zerstörung des Lebens nicht toleriert noch viel weniger sich dahingehend betätigt. Wenn schon ein emotionaler Zustand des Mitgefühls nicht dazu reicht, dieses Geschehen zu unterbinden oder gar nicht erst entstehen zu lassen.

Selbst wenn der Tenor der Verlautbarungen einhellig dahin gehen mag, daß oberste Priorität der Schutz des Lebens haben muß und daß die Kriegsparteien in diese Beteuerungen laut einstimmen, und daß es nicht an Zusagen mangelt daß man jede mögliche Vorkehrung zur Ein-haltung einer humanen Kriegsführung trifft. Beteuerungen die man von vorneherein für unsinnig halten muß da von der Sache her Krieg nie-mals human sein kann. Und in der Regel gelten im aktuellen Kriegsgeschehen auch alle solche Versprechen sowieso nicht mehr. Wenn man den Eindruck gewinnt daß man dessen Vernichtung nicht nur in Kauf nimmt sondern bezweckt. Wenn die Realität des Geschehens, die äußerste Brutalität und Rücksichtslosigkeit des Vorgehens vom genauen Gegenteil, von der krassen Absicht der Vernichtung von Leben klares Zeugnis ablegt.

Solche Eindeutigkeit macht es unmöglich, die zugrundeliegende Wirklichkeit und Absicht zu verkennen, und so muß man sich damit abfinden, daß die Ermahnungen die die Weltöffentlichkeit verlauten läßt dazu dienen, daß sie dadurch selbst beruhigt ist, daß man etwas getan hat, ohne nach Wirkung, Sinn oder Nachhaltigkeit zu fragen. Beziehungsweise im Wissen, daß man dieser Frage besser aus dem Wege geht. Mit der Frage höchstens ob durch solches Verhalten die eigene Überzeugung jeweils zufrieden gestellt ist. Wenn die Wirklichkeit dafür spricht, daß in dieser Beziehung eher Gleichgültigkeit vorherrscht, in-dem es in erster Linie wenn nicht ausschließlich auf die Außenwirkung ankommt. Mit der weiteren Frage ob man zumindest teilweise glaubt daß diese gegeben ist, daß zumindest nicht alle Welt durchblickt sondern manche oder eventuell viele den Beteuerungen glauben. Was je-doch mehr oder weniger gleichgültig ist ob oder nicht es so wäre. Was jedoch in jedwedem Falle fehlt ist das Bewußtsein, daß solches Verhalten in Wirklichkeit nichts so sehr wie Lächerlichkeit ausmacht, denn die Oberfläche eines Planeten des Kosmos sollte als Schauplatz zu wesentlicheren Angelegenheiten dienen als zu solchen Schmierkomödien. Und wo die existentielle Legitimation dafür noch geringer wäre, diese kost-bare Stätte zur Durchführung existenzfeindlichen Wirkens zu mißbrauchen.

Das existenzwidrige Wesen des Krieges mit seinem Leid und Tod ver-bietet es zwar, in mit diesem irgendwie in Verbindung stehenden Re-den die Kategorie und den Begriff der Lächerlichkeit zu verwen-den. Hinweisen kann und muß man freilich auf die Inkongruenz die sich im Bewußtsein bei dem Gedanken ergibt, daß man das uner-meßliche Universum als Schauplatz für diese Kriege mißbraucht. Daß die Menschen sich so bedeutend vorkommen daß selbst die Im-mensität des Kosmos als Betätigungsfeld für ihr Treiben herhalten muß und nicht als zu bedeutend gilt daß man vor diesem Mißbrauch und dieser Diskreditierung zurückschreckt. Nur damit das Indivi-duum das im Rahmen des Weltalls eine winzige Rolle einnimmt sich groß vorkommen kann, was ohne ein Bewußtsein der Verhältnismä-ßigkeit nicht möglich wäre und was somit bedeutet, daß dem Indivi-duum ohne solches Bewußtsein die wahre Bedeutung abgeht.

Natürlich wäre der ganzen Angelegenheit Einhalt geboten wenn die gesamte Menschheit sich darin einig wäre, daß die hehren Verlaut-barungen in die Wirklichkeit umgesetzt wären. Dies ist dann die wahre Unbegreiflichkeit, daß in Bezug auf die Mitmenschlichkeit keine Einigkeit herrscht, beruhend auf der Einsicht daß ein jedes menschliche Individuum einschließlich eben des eigenen von einer solchen Situation ungeheuer profitieren würde. Genau wie umge-kehrt kein Individuum von den Defiziten unberührt bleibt die sich aus der Mißachtung der Verhältnismäßigkeit ergeben.

Das Bewußtsein und die ihm entsprechende Daseinsgestaltung erfolgt von Seiten der Staaten nach den Interessen wie sie von ihnen gesehen werden. Die im allgemeinen aus Vorteilen konkreter Art, Macht und Einfluß bestehen. Bei welcher Auffassung die Menschlichkeit offen-sichtlich keinen der vorderen Plätze einnimmt. Die Lebenswirklichkeit die sich daraus ergeben hatte war durchgehend mit gravierenden Defiziten behaftet, die man freilich nicht einer fehlenden Beachtung der Verhältnismäßigkeit zuordnete, die man vielmehr als unvermeidbar in Kauf nahm und sie trotz ihrer teilweisen Ungeheuerlichkeit, ihrer Sinn-widrigkeit und Existenzfeindlichkeit letztendlich als Notwendigkeit und Selbstverständlichkeit hinnahm, hinzunehmen sich gezwungen wähnte. Statt am Anfang aller Überlegungen und Maßnahmen die Frage zu stellen, ob diese Art der Rangfolge nach dem Maßstab der Verhältnismäßigkeit aufrecht erhalten werden kann, wenn diesem Maßstab die oberste Priorität eingeräumt werden müßte um sich nicht als Mensch unbedarft und minderwertig vorkommen zu müssen.

Die Wesentlichkeit kann unter Aspekten der Sinnhaftigkeit nur in der Existenz als solcher gesehen werden, deren Bedeutung alles andere untergeordnet ist. Da in ihr alles und jedwedes andere subsumiert ist und sich daher an untergeordneter und nachrangiger Stelle auf der Skala der Bedeutung befindet. Auf solche Weise muß das menschliche Bewußtsein sich etablieren, wobei davon auszugehen ist daß ein solches Bewußtsein, sofern es sich um ein echtes handelt, die Angelegenheiten des konkreten Daseins diesem Geist entsprechend vollzieht. Und zwar im Geiste der Menschlichkeit, die unter diesen Aspekten einen heraus-ragenden Platz einnimmt, da deren Verletzung oder Mißachtung mit dem Wunder der Existenz und der Kostbarkeit des Daseins nicht vereinbar ist. Da es sich gerade bei den menschlichen Individuen um Schöpfungen der Existenz von herausragender Qualität handelt, ob als Einzigartigkeit im Universum existierend oder nicht.

Eine grundlegende Frage ist in diesem Zusammenhang, ob die Menschheitsgeschichte sich in Richtung und zu dem Ziel zunehmender Menschlichkeit bewegt. Es sei denn diese Frage hätte bereits eine gültige Antwort gefunden, positiv oder negativ, sodaß sie nicht wirklich aktuell wäre. Denn zumindest in zivilisierten Gesellschaften sind solche Gebräuche wie die Gladiatorenkämpfe und öffentliche Hinrichtungen nicht mehr üblich und kaum noch denkbar. Obschon was die Todes-strafe angeht diese in weiten Teilen der Erde noch zur üblichen Praxis gehört. Wobei man kaum sagen könnte – oder eigentlich doch – ob diese Praxis an sich das wahre Übel darstellt, im Vergleich zu welchem die Tatsache ob öffentlich oder nicht von nachrangiger Bedeutung ist. Wenn jedoch unübersehbar auch diese Praxis zunehmender Kritik zumindest in manchen Gesellschaften weichen muß, wobei wiederum offen bleibt ob diese Kritik sich letztlich auch weltweit durchsetzen wird.

Kriege jedoch gelten nach wie vor als selbstverständliche Praxis, obwohl sie in ihrer Unmenschlichkeit der Todesstrafe kaum nachstehen. Mit dem bedauernswerten Unterschied, daß Kriege auch in Gesellschaften die sich auf ihre Zivilisation viel zugute halten keineswegs als undenkbar gelten. Sodaß Kriege eben aufgrund ihrer im Unterschied zur Todesstrafe weltweiten Verbreitung und zahlenmäßig größeren Auswirkung ein noch größeres Übel darstellen. Worin dann schon zumindest ein Teil der Beantwortung der Frage nach fortschreitender Zivilisation zu sehen ist, nämlich daß sollte eine solche stattfinden sie je-doch im höchsten Falle nach wie vor teilweiser und keineswegs durch-greifender Natur wäre.

Und von einem Gleichschritt in Richtung Fortschritt ließe sich sowieso nicht reden wenn in verschiedenen Gesellschaften sich die Entwicklung in unterschiedlicher Geschwindigkeit vollzieht. Was freilich davon ab-hängig ist was man im einzelnen als Fortschritt bezeichnen will, ob sich dieser Begriff dazu eignet als Einheit verwendet zu werden. Oder ob man ihn nicht in Aspekte des Daseins unterteilen muß die man jeweils für sich genommen beurteilt. Oder ob sich nicht trotz alledem eine Entwicklung auf weltweiter Basis vollzieht, wenn unübersehbar ist daß die Welt also die Erde also die Menschheit in einen Prozeß zunehmen-der Angleichung begriffen ist, bedingt durch zunehmende Kommunikation und Migration. Wenn freilich damit am meisten geholfen wäre, wenn dieser Zeitraum möglich kurz ausfallen würde.

3

Wie ist es zu erklären daß man kleine Kinder bombardiert? Eine der Möglichkeiten ist daß man sich der Vorstellung verweigert, sei es bewußt oder unintressiert. Oder unabhängig von der Vorstellung anderen Aspekten den Vorrang einräumt, die man mit dem Bombardement er-reichen will. Oder daß an oberster Stelle der Überlegungen der Stolz auf die eigene Person steht, die auf den erfolgreichen Vollzug der Mission verweisen kann der dem Individuum aufgetragen ist oder die es für erforderlich erachtete, und welches dann insgeheim auf Anerkennung oder Beförderung hofft, ohne die Empfindung des Bedauerns, diese mit dem Leben von Kindern erkauft zu haben.

Eine Stufe darüber was den Grad der Unmenschlichkeit anbetrifft ist die Mentalität die vom Haß auf das gegnerische Individuum erfüllt ist und in ihren Haß auch die Kinder einbezieht sondern deren Tod ebenso beabsichtigt und eventuell darüber triumphiert. Ohne Empathie für Leid und Leben, vielleicht auch ohne Empathie für irgend etwas anderes, einschließlich letztlich der eignen Person die mit völliger Gleichgültigkeit in den Krieg zieht, die auch die Möglichkeit des eigenen Todes ohne Bedauern in Kauf nimmt entweder im Glauben einer höheren Sache zu dienen oder vom Leben sowieso nichts Besonderes erwarten zu können.

In der überwiegenden Zahl der Fälle kann man jedoch wahrscheinlich von einer mehr oder minder großen Teilnahmslosigkeit ausgehen, mit der man die Aufgabe der Bombardierung wie eine jedwede andere verrichtet, ohne sich die Auswirkungen vor Augen zu führen die mit dieser Verrichtung verbunden und beabsichtigt sind. Sodaß von großen Empfindungen in diesem Zusammenhang nicht gesprochen werden kann, davon ausgehend daß wenn solche bestünden es fraglich wäre ob die betreffenden Individuen sich für diese Art Aufgabe zur Verfügung stellen, ob dazu geeignet oder von Seiten der Kommandostruktur dafür eingesetzt würden.

Die Situation des Bomberpiloten ist zwar insofern besonders drastisch als sie dem ausgesprochenen Zweck dient anderen Menschen ihr Leben zu nehmen. Im übrigen jedoch liegen auch im alltäglichen Leben viele Situationen vor in denen Menschen seelische Schäden erleiden die, bewußt oder unbewußt oder gewollt ihnen von anderen Individuen zugefügt werden. Wo es nicht bei seelischem Leid bleibt – an und für sich schlimm genug – sondern wo dieses Leid organische Schäden verursacht bis hin zum tödlichen Ausgang. Die zu vermeiden wären wenn ein Bewußtsein für die Kostbarkeit des seelischen und organischen Wertes gegeben wäre, die diesem Verhalten zum Opfer fallen. Wenn menschliche Individuen insbesondere auch dadurch charakterisiert sind daß sie seelisches Leid zu empfinden in der Lage sind, und daß dies eine Eigenschaft ist durch die sie am stärksten berührt werden, wodurch diesem Leid seine Kostbarkeit zufließt. Obschon nicht mit Gewißheit gesagt werden kann, inwieweit gewisse Tierarten den Menschen in dieser Hinsicht nahe kommen. Manche mehr manche weniger, manche jedoch zweifellos sehr nahe, sodaß man auch dem tierischen Leben nicht von ungefähr großen Wert zuspricht.

Dennoch ist die Feststellung jedoch wohl nicht abwegig, daß das menschliche Dasein weitgehend von seelischer Teilnahmslosigkeit be-stimmt ist. Eventuell gar daß die Wirklichkeit des Daseins dadurch mehr als von jedweder anderen Gegebenheit charakteri-siert ist. Und wenn man das Vorliegen von Gefühlen nicht ausschlie-ßen will so wäre jedoch auch hierzu zu sagen daß diese sich weniger auf die Mitmenschen als vielmehr vorwiegend auf das Leben der ei-genen Person beziehen. Selbst wenn man dies für eine Selbstver-ständlichkeit zu halten geneigt ist so ist dennoch zu bedenken, in-wiewelt nicht ein allgemein stärkeres Vorliegen der Empathie, des Wohlwollens und des Mitgefühls die mitmenschlichen Individuen auch für die eigene Person von großem Nutzen sein würde. Woran eventuell auch niemand wirklich zweifeln würde, nur ist die Frage wie gelangt Empathie und Mitgefühl da-hin wo keines ist.

Mit der Sache des Wohlwollens mag es sich vielleicht anders verhal-ten, mit der Frage ob man nicht ein Verhalten des Wohlwollens eventuell auch aufweisen könnte ohne daß ein ausgesprochenes Mitgefühl dabei im Spiel sein muß. Außerdem läßt sich feststellen, daß die Menschen sich mit ihrem Dasein mehr oder weniger gut ar-rangiert haben, jeden-falls der jeweils eigenen Auffassung gemäß, da wo die eigene Situation in etwa den individuellen Vorstellungen und Wünschen entspricht. Das heißt solange diese nicht allzu extre-men Störungen unterliegt, indem man auftretende Mängel minde-rer Art als unvermeidlich in Kauf nimmt und mit ihnen so gut wie möglich zurecht zu kommen versucht. Daß man bei alledem jedoch vorwiegend wenn nicht ausschließlich das eigene Wohlergehen im Auge hat und den Blick und das Interesse nicht allzu sehr darauf rich-tet, ob die Situation der Mitmenschen für diese ebenso zufrieden-stellend ist.

Indem man vor allen Dingen aber nicht wüßte, was man auf die Frage antworten sollte welchen jedenfalls grundlegenden Wandel man sich für dieses Dasein als wünschenswert vorstellen könnte. Grundlegend im Unterschied zu äußeren und konkreteren Verbesserungen, bei denen man davon ausgeht daß sie im Laufe der Zeit korrigiert und bereinigt werden, oder zu materiellen Gegebenheiten bei denen man sich immer ein Mehr vorstellen kann. Denn die Beschaffenheit des Daseins so wie es sich vollzieht wird von den Menschen selbst gestaltet und ge-lebt, unter Berücksichtigung natürlich von Ansprüchen die von seiten der Umwelt bestehen und denen man entsprechen muß. Sodaß wenn immer auch noch so gut gemeinte Vorschläge zum Wandel des Bewußtseins und der Daseinsweise vorgebracht werden stets die Frage im Raum steht, ob Wesen und Natur des Menschen dafür zugänglich sind und ihn zulassen. Insbesondere wenn existentielle Aspekte berührt sind.

Selbst wenn es sich bei der Besinnung auf das Wunder der Existenz und die Kostbarkeit des Daseins nicht um eine Aufgabe handelt die jedes Individuum als Arbeit seines Bewußtseins zu leisten hätte. Wo die Hoffnung sich vielmehr darauf richtet daß ein solches Bewußtsein in der Allgemeinheit vorherrscht und von den Menschen als selbstver-ständlich übernommen und berücksichtigt würde. Sodaß auch die Mängel und Defizite zum Teil gravierender Art, die als zum Dasein zu-gehörig und unvermeidbar hingenommen wurden in einem Licht er-scheinen, das sie mit der Kostbarkeit des Daseins als unvereinbar er-scheinen läßt und dann nicht mehr hinnehmbar sondern unakzeptabel und letzten Endes unvorstellbar.

Letztendlich läuft die Frage nach der Bedeutung darauf hinaus, ob eine Situation der Verhältnismäßigkeit existiert, denn ohne diesen wesentlichen Aspekt kann es wahre Bedeutung nicht geben. Was sich an und für sich von selbst verstehen sollte, und darin enden daß die Rolle der ultimativen Bedeutung und Wesentlichkeit nur der Existenz als solcher zukommen kann.

Die Verhältnismäßigkeit bedeutet allein von den Ausmaßen her, daß der Planet Erde aufgrund der relativen Kleinheit seiner Abmessungen im Vergleich zu den Gegebenheiten, die das Universum in seiner Immensität aufweist, unmöglich als diesen gleichwertig oder gar als bedeutender als das Universum als Manifestation der Existenz erachtet werden kann. Obschon diese Art der Betrachtung umgehend die Gegenfrage aufwirft, welcher Vorteil den menschlichen Individuen aus solcher Erwägung erwachsen könnte. Wenn ganz im Gegenteil die Er-füllung ihrer Bedürfnisse und Wünsche sich aus den Gegebenheiten er-geben, die man weniger im Universum als auf der Oberfläche des Heimatplaneten gegeben findet.

Ohne Existenz ist alles nichts beziehungsweise ohne sie gibt es kein alles sondern gar nichts. Daraus ergibt sich ihre fundamentale und ultimative Bedeutung, sodaß unter diesem Aspekt gesehen alles übrige als dieser an Bedeutung untergeordnet gesehen werden muß. Was somit auch für das menschliche Dasein und seine Individuen gilt, sodaß es auf Unverständnis stoßen muß wenn Individuen um an Bedeutung nachrangiger Gegebenheiten willen die Existenz als solche, das heißt ihr Leben als deren Manifestation aufs Spiel setzen. Unter Mißachtung der wahren Verhältnismäßigkeit, woraus sich als eine der wesentlichen Obliegenheiten für die Menschheit nichts Dringenderes als die Beachtung und Wahrung der Verhältnismäßigkeit ergibt. Woraus sich die Antwort auf die Frage ergibt, welchen Nutzen das Bewußtsein der Existenz für die menschlichen Individuen ausmacht, welcher in der Beachtung und Berücksichtigung der Verhältnismäßigkeit besteht, welche wiederum bedeutet daß nicht um Gegebenheiten nachrangiger und untergeordneter Bedeutung willen solche von höherer, vor allem das Leben, zum Opfer fallen. Eine Schieflage, Diskrepanzen und Defizite die es vor allem zu korrigieren gilt.

Ein solcher Bewußtseinswandel wäre übergreifend und würde sich auf praktisch alle Aspekte und Gegebenheiten des menschlichen Daseins auswirken. Wo es freilich einer Unmöglichkeit entspricht, die positiven Auswirkungen im einzelnen im Vornehinein aufführen zu wollen. Selbst so wird jedoch umgehend offensichtlich, daß manche Bereiche des Da-seins von solchem Wandel vorwiegend betroffen sind, wobei mit an vorderster Stelle kriegerische Auseinandersetzungen zu nennen sind, deren ausdrücklicher Zweck darin besteht die größte Kostbarkeit die die Existenz hervorgebracht hat, das menschliche Leben, zu vernichten.

Was den Planeten Erde selbst angeht so fällt dessen geringschätzige Behandlung auf die Menschen selbst zurück. In deren eigenem Interesse es liegt für den pfleglichen Umgang mit ihrer Heimstatt Sorge zu tragen. Wenn auch was diese Angelegenheit betrifft letztendlich nur die Art von Unterfangen sich als hilfreich erweisen kann das sich auf eine gemeinsame Übereinkunft und Handeln gründet, ein Bewußtsein und somit Verhalten das sich über diese Gemeinsamkeit, ihre Vorteile und Notwendigkeiten bis zu existentiellen Verlusten bei der Verweigerung im klaren ist. Woran es jedoch mangelt solange einzelnen Gesellschaften mehr als auf solche Gemeinsamkeit auf ihre eigenen Vorteile bedacht sind, die sie vorwiegend nicht in der allgemeinen Zusammen-arbeit sondern in egoistischen Verhaltensweisen garantiert sehen. Und dies auf Kosten und zu Lasten anderer Teile der Erdbevölkerung und deren Gesamtheit und ebenso des Planeten, dem diese egoistischen Verhaltensweisen zum

Schaden gereichen. deren existentieller Grund-lage dem Planeten als solchem durchzusetzen versucht. Peinlich darauf bedacht, daß andere Teile aus dem eigenen Verhalten keine Vorteile für sich ziehen könnten, und würde sich hüten sich eventuell mehr als andere einzubringen woraus andere Profit schlagen könnten die es ihrerseits eventuell an gleichem Aufwand für die Sache fehlen lassen, die also auf Kosten anderer leben.

Diese egoistische Verhaltensweise kann freilich nur solange gut gehen wie sie sich durchhalten ließe, das heißt solange sich aus diesem Ver-halten nicht extreme Auswirkungen ergeben die das Gemeinwohl und somit das eigene ebenfalls in eine dermaßen große Gefahr bringen, daß auch die verkrampftesten Bemühungen die Situation zu leugnen, alle Beteuerungen der Verharmlosung der Wirklichkeit nicht mehr standhalten. Und die Folgen des Klimawandels hoffentlich nicht derart gravierend daß sie nicht mehr irreversibel sind, und man sich zum nachträglichen Bedauern gezwungen sieht die Verhältnismäßigkeit mißachtet zu haben.

Bei dem menschlichen Bewußtsein scheint es sich bei spontaner Über-legung um ein überwiegend theoretisches und intellektuelles zu handeln, das im allgemeinen relativ frei von emotionalen Elementen der Empathie und Mitgefühl ist. So oder so müßte es die Menschheit je-doch, als dringlich ansehen, zum Zwecke des allgemeinen und somit letztlich des individuellen Wohlergehens zu allererst den Mitmenschen mit einer Sinneshaltung und Daseinsgestaltung des Wohlwollens zu begegnen. Indem man die Verursachung jedwedes vermeidbaren Leids vermeidet, nicht zuletzt das Leid das sich zum großen Teil aus dem menschlichen Miteinander, den zwischenmenschlichen Beziehungen zu ergeben pflegt. Zum großen Teil unbewußt, zum großen Teil mit Ab-sicht. Ob nicht das auf diese

Weise verursachte Leid hinsichtlich seiner Verbreitung den negativen Wirkungen des durch konkrete Mißgeschicke verursachten Kummers nicht nachsteht. So sollte Empathie und Mitgefühl einen Teil des Bewußtseins der Kostbarkeit ausmachen. Respektive indem ein Bewußtsein der Kostbarkeit und Wertschätzung der Existenz von selbst und selbstverständlich einen solchen Gefühlsanteil aufweisen würde, da im anderen Falle nicht von einer echten Wert-schätzung gesprochen werden kann. Wie dem auch sei, so wäre es immer noch überaus wertvoll falls ein Bewußtsein der Kostbarkeit auch ohne gefühlsmäßige Komponente vorläge und für die entsprechende Wertschätzung der Existenz Sorge tragen.

Nun ist es soweit klar daß es überaus schwierig wenn nicht in den meisten Fällen gar unmöglich ist, das Leben als eine Kostbarkeit anzusehen und wahrzunehmen, wenn dessen Bedingungen wie in vielen Fällen Schwierigkeiten und Widerwärtigkeiten aufweisen, deren Bewältigung die ganze Hingabe und die Aufwendung aller geistigen und körperlichen Kräfte in Anspruch nimmt, ohne daß noch Platz und Energie oder auch die Neigung dafür verbleibt, sich über die Auseinanderset-zungen mit diesen hinaus mit Gedanken an die Kostbarkeit des Daseins abzugeben, wenn dessen äußere Bedingungen Zeugnis gerade von deren Gegenteil abgeben. Wenn von Menschen kaum verlangt werden könne daß sie die Haltung von Heiligen annehmen, deren Bewußtsein sich über die Niederungen der Häßlichkeiten des Daseins zu erheben imstande wäre. Noch natürlich daß einem solchen Verlangen stattgegeben würde.

Die Frage somit ob man die Hoffnung darin setzen kann, daß das Bewußtsein der Kostbarkeit des Daseins und der menschlichen Individuen trotz alledem allgemeine Geltung zu erlangen vermag und, falls es von der Allgemeinheit übernommen würde dann eine

Daseinsweise be-wirkt, die dieser Gegebenheit Rechnung trägt. So-mit eine Lebensqualität schafft, in der die Tatsache dieser Kostbar-keit als Selbstverständlichkeit gilt. Mehr als alles würde helfen dabei die Erkenntnis, daß das Bewußtsein mit dem man das Dasein in der hergebrachten und überkommenen Art und Weise bestritten hatte fundamentale Defizite auf-wies. Indem die Vorteile materieller und konkreter Art, die man in egoistischen Profiten gegeben sah, zunehmend als zu Lasten der eigenen Lebensqualität gehend erkannt würden, da sie zum einen die Menschen in fortwährende Auseinander-setzungen verwickelten und zum anderen, selbst wenn man Vorteile erfolgreich realisierte, diese jedoch da vorwiegend materieller und konkreter Art weniger als erhofft die erwarteten Gefühle der Befrie-digung oder gar des Glücks verschafften. Sodaß das Resultat nach Erreichen des Zieles oft genug in Enttäuschung endete. Ein allgemei-nes Bewußtsein der Kostbarkeit würde das Dasein somit auf eine an-dere Basis stellen, eine sanftere Basis die so-wohl von den Indivi-duen selbst als auch vom Heimatplaneten nicht die Lasten und Kos-ten verlangt die letztendlich die Möglichkeiten von bei-den übersteigen mögen und mit zunehmender Offensichtlichkeit nicht mehr zu verkraften sind. Sodaß eine Minderung dieser Anforderungen ein Gebot der Notwendigkeit sein wird, welche Entwicklung jedoch den an Unermeßlichkeit alles andere übertreffenden Vorteil mit sich bringt, daß sie Raum und Möglichkeit für die Rückbesinnung auf die wahre Bedeutung des Daseins und der Existenz einräumt, auf deren Wunder und Kostbarkeit. Die die Menschen nicht mehr sich damit abfinden läßt, wie blinde Hühner durch das Leben zu irrlichtern ohne sich dessen Kostbarkeit bewußt zu sein. Ohne sich zu wundern worin der Sinn und Zweck besteht, ob man der Kostbarkeit auf solche Weise, unter solchem Blickwinkel betrachtet, gerecht wird. Ob man der Bedeutung bewußt ist die darin liegt, in einziges Mal im Univer-sum zugegen sein zu dürfen.

4

Jede Stellungnahme die ein Individuum abgibt ist aus seinem individuellen Bewußtsein und dieses wiederum aus seiner Persönlichkeit her-aus entstanden. Die Frage somit wenn ein anderes Individuum mit einem anderen Bewußtsein aus seiner Persönlichkeit heraus eine unter-schiedliche Stellungnahme zu den Gegebenheiten des Daseins abgibt, ob diese nicht gleich viel Gültigkeit besitzt wie eine andere. Und Gültigkeit nicht der persönlichen Art aufgrund der Tatsache, daß das jeweilige Individuum an diese Gültigkeit glaubt, sondern eben auch objektiv gesehen. Dies wiederum aufgrund der Tatsache, daß die Auffassung nicht definitiv bestätigt oder widerlegt werden kann da es eine absolute Gültigkeit in dieser Angelegenheit nicht gibt. Wenn somit überhaupt ein Maßstab existiert so würde es sich bei diesem um einen statistischen handeln müssen, indem eine Mehrheit die jeweilige Stellungnahme übernimmt und vertritt und daher daraus eine Wahrheit stipuliert.

So handelt es sich bei der Auffassung, daß die Menschheit zu einem Bewußtsein und der Daseinsweise des allgemeinen Wohlwollens und der Friedfertigkeit gelangen sollte, und vor allem der Zuversicht, daß dieses Ziel in der ferneren Zukunft erreicht werden könnte und auf je-den Fall anzustreben ist, um eine solche, die von anderen Individuen nicht gleichermaßen geteilt würde, die diesen als Äußerung und Be-weis von Schwäche gelten mag. Selbst wenn man in der

Theorie diesem Ideal noch zustimmen würde so wäre nach solcher Vorstellung nicht nur die praktische Möglichkeit der Verwirklichung von vorneherein nicht gegeben, sondern darüber hinaus auch keine unbedingte Notwendigkeit, da man aus der Position einer Persönlichkeit der Kraft und Stärke heraus mit den Bedingungen des Daseins so wie man sie vorfindet durchaus wenn nicht gar ziemlich gut zurecht zu kommen versteht. Somit unmöglich ist zu sagen wer Recht hat.

Es mag somit wie ein Wunder erscheinen, daß es überhaupt zu einer gemeinsamen Auffassung kommen kann und man sich auf gemeinsames Handeln verständigt und es in die Tat umsetzt. Selbst wenn eine Opposition sich dagegen ausspricht, bei der es sich dann jedoch um eine Minderheit handelt. Selbst so hat jedoch das persönliche Bewußtsein des Individuums für sein Leben, sein Denken und Empfinden und somit seine Daseinsweise eine ebenso große wenn nicht größere Be-deutung, da es sein individuelles Dasein innerhalb der objektiv gegebenen Bedingungen nach den individuellen Kriterien ausrichtet. Was im Endeffekt auf den Unterschied zwischen Glück oder Unglück hinaus-läuft. Wenn – eine bekannte Wahrheit von alters her – die Empfindung von Glück und Unglück vorwiegend im individuellen Bewußtsein statt-findet.

In gewisser Weise ist das Individuum somit in seiner Persönlichkeit wie in einer Zwangslage gefangen. Wo dem Verhalten natürlich in mehr oder weniger weitgehender Hinsicht durch gesellschaftliche Normen, Usancen und Regeln Grenzen auferlegt sind die im allgemeinen auch beachtet und befolgt werden. Die Frage ist in jedem der Fälle, inwieweit ein jeweiliges Individuum durch sein persönliches Bewußtsein, fest oder weniger fest gebunden ist. Ob dieses und inwieweit jeweils für Wandel zugänglich ist. Ob man das eigene für überlegen hält und für andere Meinungen wenig empfänglich. Und davon abgesehen ob für eine bestimmte Art von Bewußtsein, das etwa der Kostbarkeit des Daseins, überhaupt eine Möglichkeit besteht, sich über die Gesamtheit der Menschheit auszubreiten. Gleiches gilt für eine Situation, in der der Egoismus dem allgemeinen Wohlwollen Platz macht.

Die Frage ist dennoch inwieweit der jeweilige Zeitgeist das Bewußtsein der Individuen zu beeinflussen imstande ist, oder ob dieses Bewußtsein entsprechend der jeweiligen Persönlichkeit für gewisse Dinge und Vorstellungen nicht zugänglich ist die von anderer Seite vertreten und propagiert werden. Inwieweit diese jeweiligen Einflüsse reichen, indem etwa ein Individuum wie Josef Stalin von Vorstellungen nichts halten würde die darauf hinauslaufen, der Mitmenschlichkeit im menschlichen Dasein eine größere Rolle einzuräumen. Wobei er seinerseits freilich mit an der Spitze derer marschierte die den Kommunismus als Er-füllung eines Traumes propagierte, also seine Mitmenschen zu beeinflussen suchte. Soweit sein persönliches Verhalten betroffen war vermittelte dies nicht den Eindruck daß er meinte der Mitmenschlichkeit zur allgemeinen Geltung verhelfen zu müssen, wenn es doch gerade er und seinesgleichen war die sie unmöglich scheinen ließen. Die mit ihrem Verhalten den Beweis lieferten daß man es mit ihrem Gegenteil der Unmenschlichkeit im Leben am weitesten bringen konnte und die höchsten Positionen in der Gesellschaft errang. Trotz alledem nahm ein großer und eventuell der überwiegende Teil seiner Bevölkerung ihm seine Beteuerungen ab, was deren Zweck erfüllte.

Warum also sollte das Bewußtsein Stalins sich zu einem bekehren das voller Überzeugung für die Mitmenschlichkeit eintritt, ein Bewußtsein und entsprechende Verhaltensweise das dieser den höchsten Stellen-wert zuerkennt. Und das sein Verhalten nicht seinem egoistischen und persönlichen Machtstreben sondern dem Gemeinwohl dienen läßt. Obschon er vorgab gerade in dessen Sinne tätig zu sein, was man ihm nicht einmal abstreiten könnte wenn dieses Gemeinwohl darin zu sehen wäre daß er die USSR zur Großmacht verhalf. Obschon er mit seinen Methoden viel Leid über das russische Volk brachte. Wenn andererseits die Frage besteht ob die Sache dies wert wäre, für Stalin zu keiner Zeit aktuell. Und auch allgemein gesehen nicht von Belang, da es sich bei diesen Geschehnissen um gelebte Vergangenheit handelt die von nachträglichen Beurteilungen nicht berührt und geändert wird.

Worum es aber in diesem Zusammenhang geht ist die Frage, ob eine Möglichkeit gegeben ist daß Mentalität und Persönlichkeit des Menschen Stalin durch den Zeitgeist zu einer Wandlung gebracht werden könnte, um etwa aus einem brutalen Diktator einen wohlwollenden Pazifisten werden zu lassen. Wenn andererseits der Zeitgeist der russischen Gesellschaft zur Lebenszeit Stalins gerade durch dessen Persönlichkeit geprägt würde. Obschon sein Wirken vor dem Hintergrund der kommunistischen Weltanschauung stattfand und durch diese entsprechend beeinflußt. Obwohl wäre die Persönlichkeit Stalins anders beschaffen gewesen er sich statt zum Kommunismus mehr zu einer anderen Weltanschauung wie etwa einer mehr demokratischen hingezogen gefühlt hätte. Dennoch verhält es sich grundlegend jedoch derart, daß Stalin hätte er in einem späteren Jahrhundert gelebt mit seinem Ver-halten nicht den Erfolg haben können der ihm zur Zeit seines Wirkens möglich war, und ihm wäre dies bewußt gewesen und hätte seinen Aktivitäten und demnach auch seinen Annahmen eine ganz andere Richtung gegeben. Es hätte sich nicht um den charakteristischen Stalin gehandelt sondern um einen anderen, der dann jedoch auf seine Weise genau so charakteristisch gewesen wäre.

Oder sein realistischer Sinn würde auch zu anderen Zeiten jede Vorstellung des allgemeinen Wohlwollens für illusorisch halten und außer-stande daran glauben zu können, daß ein solcher Zustand des allgemeinen Wohlwollens jemals Realität werden kann, da die Mentalität der Menschen in ihrer Mehrheit ebenso wenig wie die seinige sich niemals dahingehend wandeln wird oder auch kann. Jesus war mit dem Vorhaben aufgetreten das Reich Gottes auf der Erde zu errichten. Doch nicht nur daß er persönlich damit gescheitert ist sondern hat auch keinen allgemeinen und nachhaltigen Wandel zum Besseren bewirken können. Insoweit das Dasein dieser Nachwelt wirklich Verbesse-rungen aufweist mag es nicht ausgeschlossen sein daß diese auch auf sein Wirken und das anderer bedeutender Menschen zurück zu führen sind. Was sich so oder so nicht beweisen läßt, denn vielleicht hätte die Menschheit auch ohne deren Wirken zu solcher Verbesserung des Da-seins gefunden. Das heißt wenn man diese Fortschritte hervorheben und als allgemeinen Wandel bezeichnen will und nicht den seit jeher unveränderten Manifestationen von Sinnwidrigkeiten, Existenzfeindlichkeiten und Gemeinheiten den größeren Raum überlassen. Von denen es fraglich ist ob der Anteil von deren Vorkommen im Dasein wirklich geringer geworden ist.

Von diesen Ermahnungen zur Hebung der Daseinsqualität – insbesondere solche die das menschliche Zusammenleben betreffen - sind freilich durch äußere Anlässe notwendige Wandlungen des Bewußtseins zu unterscheiden, die auf unübersehbaren Notwendigkeiten beruhen, wie sie etwa der Klimawandel mit sich bringt, an denen auch Stalin nicht vorbeikäme, da es ihm wie allen Menschen klar wird daß ein existentielles Interesse der gesamten Menschheit auf dem Spiel steht welches die Zusammenarbeit und

Gemeinsamkeit der gesamten Menschheit verlangt, hinter der persönliche Interessen zurückstehen müssen respektive im Vergleich ihre Bedeutung verlieren.

Sodaß sich so gesehen ein Wandel im Bewußtsein unbedingt vollziehen mußte, der zu größerer gegenseitiger Rücksichtnahme und zur Beachtung nicht nur der eigenen Interessen sondern denen der Allgemeinheit der gesamten Menschheit führte. Da ohne solchen Zusammenhalt und Zusammenarbeit diese weltweiten Krisen nicht zu bewältigen wären. Wenn sich hieraus eine bessere Lebensqualität in Hinsicht größerer Mitmenschlichkeit ergeben würde so wäre diese Entwicklung vor-behaltlos zu begrüßen, gleich ob sie aus Gründen konkreter Notwendigkeiten statt wohlmeinender Ermahnungen erfolgt, da sie auch eine größere Nachhaltigkeit gewährleistet.

Jedenfalls wäre dann eine Situation undenkbar, in der die ganze Welt zuschaut wie ein Staat aufgrund seiner höher entwickelten militärischen Technik und Aufrüstung die dagegen wehrlose Bevölkerung eines anderen Landes mit einem Terrorregime der Bomben überzieht das da-rauf angelegt ist alles zu zerstören, die Häuser und die Infrastruktur und vor allem aber die Menschen selbst zu vernichten, die diesem Terror schutzlos ausgeliefert sind. Leider ist die Gesamtheit der Menschheit nicht derart organisiert daß sie diesem Terror effektiv Einhalt gebieten kann statt daß sie dem Geschehen auf den Rängen mit offenem Mund zuzuschauen und periodisch Worthülsen von sich zu geben, die zwar Zeugnis von einer einhelligen Verurteilung dieser Geschehnisse geben, die jedoch ohne Wirkung bleiben da die bloßen Worte ohne Wirkung bleiben.

Indem die Hoffnung dahin gehen muß daß solche Situationen der Unmenschlichkeit in der zukünftigen Menschheit undenkbar sein werden. Und wenn sie undenkbar sind wird es niemand einfallen sich darauf einzulassen da man weiß daß sie aussichtslos wären, daß sie nicht zu-gelassen würden, daß sie gemeinsames Vorgehen gegen die eigene Sei-te zum eigenen Schaden nach sich ziehen. So wie die öffentliche Quälerei von Bären bis zu ihrem grausamen Tod wie sie in Zeiten des dunklen Mittelalters gang und gäbe waren aus der Wirklichkeit verschwunden sind. Welcher Umstand dann doch eben für die Tatsache von zu-nehmender Empathie und Mitgefühl spricht.

Wenn der Angreifer darauf verweisen kann daß er über berechtigte Gründe für sein Vorgehen verfügt, über Verletzungen die ihm von den Angegriffenen zugefügt wurden, so wird der Angegriffene mit ebenso großer Berechtigung eigene Gründe dafür ins Feld führen können die ihm Veranlassung für sein Verhalten gegeben haben. So-daß es zuletzt – oder von vorneherein - unmöglich wäre die jeweiligen Argumente und die Berechtigung für diese im einzelnen auseinander zu sortieren. Wo nur zwei Tatsachen feststehen, an erster Stelle daß man den anderen aber auch sich selbst viel Leid hätte ersparen können wenn man sich statt mit Feindseligkeit mit gegenseitigem Wohlwollen verhalten hätte.

Die andere offensichtliche Tatsache die feststeht ist daß das feindselige Verhalten solch unsägliche Konsequenzen nach sich zieht daß es immer wieder erstaunt daß die Weltöffentlichkeit es zuläßt, daß solche Unmenschlichkeiten auf der Oberfläche des kostbaren Planeten Erde geschehen. Geschehnisse die jedes Bewußtsein für deren Unverhältnismäßigkeit im Vergleich zur Kostbarkeit des Daseins und der Existenz vermissen lassen, und somit der wahren Bedeutung entbehren.

Wenn man Kinder sieht die den Hungertod erleiden, die nur noch aus Haut und Knochen bestehen und einen aus großen Augen anblicken, so ist dieser Anblick so erschütternd daß man nicht verstehen kann, daß die Erde nicht stillsteht und sich erst dann wieder bewegt, wenn diesen Kindern geholfen wird zu leben. Und erst danach wieder zu Sportveranstaltungen geht und Siege bejubelt, auf kulturellen Veranstaltungen Beifall spendet und sich erst dann wieder richtig freuen kann.

Wenn andere Menschen aber gar für diesen Zustand verantwortlich sind und ihn bewußt herbeigeführt haben indem sie die Zufuhr von Nahrung und Medikamenten abschneiden, mit dem unzweideutigen Zweck andere Menschen dem Hungertod preiszugeben. Dieses Verhalten stuft sich unter dem der Tiere ein, denn die Tiere verfügen nicht über die Verstandeskräfte die Situation zu erkennen oder sie herbei zu führen. Ebenso ist das Verhalten auf einer niedrigen Stufe angesiedelt das dieser unmenschlichen unterhalb der tierhaften Situation tatenlos zuschaut.

Denn nur wenn die Menschheit nicht durch bloße Äußerungen des Mitgefühls sondern durch effektive Maßnahmen dafür sorgt, daß alle und jedwede Situationen und Geschehnisse dieser Art unterbunden werden und gar nicht erst entstehen, nicht ihnen erst dann erst entgegentreten wenn beträchtlicher Schaden bereits entstanden und großes Leid verursacht worden ist, erst dann kann davon die Rede sein daß der Kostbarkeit des Lebens und des Daseins Rechnung getragen ist. Daß das menschliche Indiuviduum das einen Platz im unermeßlichen Universum sein eigen nennt diesen mit wahrer Bedeutung erfüllt. Doch am Ende bleibt die Überzeugung, daß alle Argumente und Bemühungen, der Lebenswirklichkeit den Charakter wahrer Bedeutung zu verleihen zum Scheitern verurteilt sind, wenn sie nicht aus einem Bewußtsein dieser Kostbarkeit heraus erfolgen.

5

Nachdem dies gesagt ist steht man vor der Frage, wie eine solche Mentalität erreicht werden kann. Respektive vorgeschaltet die andere ob dazu überhaupt eine Möglichkeit besteht, die jedoch mit Verbindlichkeit nicht theoretisch sondern nur durch die Lebenswirklichkeit beantwortet werden kann. Ob die Menschheit sich dieser Frage überhaupt stellt, ob man die Möglichkeit von vorneherein als aussichtslos abtut, als irrelevant und bedeutungslos verwirft, indem man in diese Bereiche nicht vordringt da man mit den konkreten Angelegenheiten des Da-seins vollauf beschäftigt ist.

Oder daß die menschlichen Individuen von der Natur ihres Wesens her derart geartet wären daß sie in der überwiegenden Mehrzahl ihrer Persönlichkeit auf existentielle Aspekte des Daseins voller Unverständnis blicken. Daß auch die Gefühlsseite im allgemeinen nicht sehr ausgeprägt ist. Und dann eben die Frage wenn dies der Realität entspricht ob bei dieser Sachlage die Aussicht auf Wandel Erfolg verspricht.

Es sei denn daß in diesem Zusammenhang der bewußten Erkenntnis eine größere und gewichtigere Rolle als der jeweiligen individuellen Persönlichkeit und deren Wesen zufiele. Sodaß diese sehr wohl in der Lage ist wahrzunehmen, in welcher Verhaltensweise der Vorteil für das eigene Wohlergehen gelegen ist. Und dieser Vorteil fände sich letztlich nicht in der Konfrontation und gegenseitiger Bekämpfung sondern im Zusammenhalt und gemeinsamer Unterstützung. Im Wohlwollen das man anderen gewährt, in dessen Genuß man dann auch selber käme.

Entscheidend dabei die Vermeidung von zu großem, unnötigem und nach Lage der Dinge vermeidbarem Kräfteverschleiß, dem kein angemessener dem Aufwand entsprechender Nutzen und Profit gegenüber stehen. Das Dasein dann um ein Vielfaches reibungsloser und kräfte-schonender, ein Effekt welcher nur dem nicht willkommen wäre der in Auseinandersetzungen und Reibereien einen Sinn an sich sieht, den das betreffende Individuum zum Zwecke seiner Selbstbestätigung braucht. Um nach überstandener Auseinandersetzung bei Anblick des Schadens ein langes Gesicht zu machen, das heißt wenn es danach noch vorhanden ist um eins machen zu können.

Oder die Erkenntnis findet auf einer höheren Stufe statt, auf einer Stufe die den Aspekt der Verhältnismäßigkeit gebührend berücksichtigt, das heißt in den Mittelpunkt stellt. Und solchem Bewußtsein entsprechend jedwedes Verhalten und Geschehen unmittelbar als von untergeordneter Bedeutung ansieht und empfindet welches nicht die Existenz als solche in das Zentrum der Betrachtung stellt und für die Gegebenheit höchster Geltung hält. Daß somit jedwede Gegebenheit und Verhaltensweise als ausgeschlossen gilt die diese ultimative Bedeutung der Existenz in Frage stellt, jede Auffassung die nicht diesem Sinne entspricht oder diesem gar entgegen steht.

Sodaß es eigentlich unbegreiflich ist daß die Menschheit das Dasein nicht mit solchem Bewußtsein der wahren Verhältnismäßigkeit zubringt. Ein solches Bewußtsein der wahren Relationen und Dimensionen würde bedeuten, daß das Geschehen wie es sich auf der Oberfläche des Planeten Erde abspielt nicht als die Angelegenheit der ultimativen Wichtigkeit und der Ausschließlichkeit auffasst, als ob außer diesem und über dieses hinaus nichts von vergleichbarer Wichtigkeit und schon gar nicht von größerer existiert. Sodaß man eventuell und öfter als nicht seine Person und deren Leben diesen konkreten Gegebenheiten zum Opfer bringt und nichts von vergleichbarer oder gar wesentlicherer Bedeutung anerkennt oder gelten läßt. Geradezu als würde man sich allein im Weltall befinden, jedensfalls ohne Bewußtsein wie sich diese Situation aus der Perspektive der Verhältnismäßigkeit ausnimmt.

Doch selbst wenn man das Leben als Gegebenheit von höchster Bedeutung auffaßt, eine Auffassung die von den Menschen gemeinhin selbst wenn unausgesprochen gehalten wird, so ist mit solchem Bewußtsein umso weniger zu vereinbaren, daß man mit dieser ultimativen Kost-barkeit derart sorglos umgeht, daß man sie für Angelegenheiten von ungleich geringerem Wert bedenkenlos aufs Spiel setzt. Sodaß das Argument in keiner Weise abwegig ist daß die Defizite, von denen die Art und Weise des Daseins, der Wirklichkeit, eindeutiges Zeugnis aufweist, letztendlich auf den Sachverhalt zurückzuführen ist, daß kein Bewußtsein einer höheren Bedeutung existiert, von der Existenz als solcher, das alleine nur dieses menschliche Leben in seiner wahren Verhältnis-mäßigkeit erscheinen und ihr entsprechend die Qualität der unermeßlichen Kostbarkeit verleiht.

Freilich wird man einer Auffassung keinen großen Sinn beimessen die darauf hinausläuft, das Leben respektive das Dasein so wie es auf der Erde gelebt wird nicht als die Hauptsache aufzufassen um die es für Menschen überhaupt gehen kann. Wenn man auf die

Offensichtlichkeit verweist, daß wenn der Mensch nicht über dieses Leben verfügen würde daß er dann gar nichts hat respektive überhaupt nicht existiert, daß es ohne dieses Leben kein Individuum und kein Dasein gibt.

Umso größer der Sinn der darin liegt, diesem Dasein zu der Qualität zu verhelfen die ihm aufgrund seiner Kostbarkeit angemessen ist, indem man das Dasein in eine Situation verwandelt die auch dem menschlichen Individuum, das für diese Qualität oder deren Mangel verantwortlich ist, seinen jeweiligen Wert bescheinigt. Daß es sich nicht vorhalten lassen muß oder selber es ist das sich dies vorhält, daß es die Kostbarkeit des Daseins und somit seine eigene nicht erkennt sondern mit Füßen tritt, zu beschränkt und unverständig um die ihm gebotene im Universum einzigartige Gelegenheit im besten Sinne zu nutzen. Statt die Kostbarkeit zu erkennen sie zu mißachten und das Dasein zu einer Wertlosigkeit und schlimmer noch sie in Teilen zu einem Schrecknis werden zu lassen. Respektive zu machen da das menschliche Individuum es ist das es tut.

Der Gedanke einer gemeinsamen Menschheit wird insbesondere dann auf Unverständnis stoßen wenn das Anliegen damit verbunden ist sich zu diesem Zweck auf konkrete Maßnahmen einzulassen, die mit gewissen eigenen Einschränkungen und Opfern verbunden wären. Und wenn daraus sich ergebende Vorteile nicht ohne weiteres auf der Hand liegen oder sich erst im Laufe der Zeit erweisen. Es sei denn daß aufgrund einer dringlichen Notlage die Nachteile einer Weigerung, Verzögerung oder Unterlassung nicht auf sich warten lassen sondern unmittelbar auf Abhilfe drängen, für die eine gemeinsame Anstrengung der gesamten Menschheit eine Bedingung darstellt der man nicht länger aus dem Weg gehen kann.

Umso besser wäre es bestellt wenn man sich den Maßnahmen zur rechten Zeit nicht verweigert, ehe eine Notsituation dazu zwingt und bereits Schäden angerichtet hätte. Wenn die Erkenntnis der Vorteile die Oberhand im allgemeinen Bewußtsein gewinnt, sodaß die Über-windung der einer Vereinigung im Wege stehenden Schwierigkeiten sich dagegen wie eine Kleinigkeit ausnimmt. Wenn die Erkenntnis sich durchsetzt daß die sich aus einer Gemeinsamkeit ergebenden Vorteile die Nachteile bei weitem überwiegen, und sei es nur – aber vor allem auch – daß die negativen Folgen die sich aus einer Unterlassung ergeben schon im voraus klar erkenntlich sind und sich als potentiell bis real verheerend herausstellen. Sodaß es aus diesem Grunde allein, zu deren Vermeidung, dem gesunden Menschenverstand entspricht sich dieser Gemeinsamkeit nicht zu verweigern sondern aktiv zur Verwirklichung beizutragen.

Zumal wenn die Dimension dieses Vorhabens, dessen Schwierigkeiten die bei vorheriger Überlegung kolossal und so gut wie unüberwindlich scheinen, bei Beachtung der Verhältnismäßigkeit auf ein Mindestmaß schrumpfen. Denn die Geschehnisse die sich auf der Oberfläche des Planeten Erde abspielen verlieren im kosmischen Maßstab ihre existentielle und ultimative Bedeutung, so wie sie ihnen von den menschlichen Individuen beigelegt wird. Wenn statt dieser Geschehnisse die Tatsache des Daseins als solche, der Existenz als solcher diese Bedeutung und Kostbarkeit besitzt und somit alles darauf ankommt, daß diese Tatsache auch vom menschlichen Bewußtsein Besitz ergreift und darin den höchsten Platz einnimmt.

6

Wenn Stalin etwa zum Thema der Priorität des Gemeinwohls eine Stellungnahme abgegeben hatte so hätte die Bevölkerung dem ohne Einschränkung zugestimmt. Und es war davon auszugehen daß deren Mehrheit ihm die Ernsthaftigkeit seiner Beteuerungen abnähme und nur eine Minderheit sie in Frage stellen beziehungsweise sie definitiv verneinen. Eine wesentliche Frage besteht dahingehend ob der Prozentsatz der Gläubigen – bedingt durch zunehmende Aufklärung der Öffentlichkeit – mit der Zeit im Schwinden begriffen wäre und bis auf einen kleinen Rest schrumpft. Oder ob die Menschheit auch in künftigen Zeiten für Blendwerk empfänglich sein wird und die Zahl der auf-geklärten Individuen auch immer noch eine Minderheit ausmacht.

Das heißt wenn man die Äußerungen Stalins nicht wörtlich nehmen will, denn es wäre immerhin möglich gewesen daß er selbst von dem Wahrheitsgehalt seiner Äußerungen überzeugt war, indem er als überzeugter Kommunist wirklich glaubte daß der Weg der Menschheit zum Heil in der Verwirklichung dieser Lehre besteht und daher diese Angelegenheit der dafür zu bringenden Opfer wert ist. Obschon es ihm klar sein mußte daß seine brutalen Methoden keineswegs die Zustimmung der Menschen hatten, insbesondere nicht deren die von seinem Terror direkt und persönlich betroffen waren. Es gelang ihm allerdings diesen Leuten die freie Wahl der

Entscheidung zu verwehren. Und sollte Stalin wirklich der Auffassung gewesen sein daß der Weg zum Kommunismus auch über die freie Wahl der Bevölkerung und somit menschliche Methoden hätte führen können, so war eine solche Annahme seinerseits bei seiner Persönlichkeit äußerst unwahrscheinlich, hätte dieser Auf-fassung jedoch sowieso keinen Raum gegeben und dieser die Zügel nicht locker gelassen.

Sodaß sich hieraus die weitreichende Frage ergibt ob der zukünftige Weg der Menschheit über diese Freiheit führt oder ob die Bevölkerung sich auch weiterhin in mehr oder minder großem Ausmaß in Bedingungen und Situationen sieht die ihren eigenen Vorstellungen entgegen stehn. Und ob sich Möglichkeiten und Methoden entwickeln die die Verwirklichung dieser Vorstellungen eher gestatten. Und wenn so-mit ein Schritt in dieser Richtung in der Durchsetzung des eigenen Willens durch die Mehrheit der Bevölkerung gegeben ist so würde es in entscheidender Weise darauf ankommen, welcher Grad der Aufklärung dieser Mehrheit zugrunde liegt. Und daß darauf die größten Hoffnungen beruhen, daß diese Aufklärung ständig zunimmt, zu welchen die zunehmende Verbreitung der Medien die eigentliche und größte Ver-anlassung gibt. Sodaß es selbst einer Persönlichkeit vom Kaliber eines Stalin nicht mehr möglich sein wird diesen Willen der Bevölkerung zu unterdrücken und sie einem Terror auszusetzen.

Obschon gerade die Medien berücksichtigt dafür sind daß in ihnen von individueller Freiheit nicht wirklich die Rede sein kann, wenn von der vorherrschenden Auffassung abweichende Meinungen auf die übelste Art niedergemacht werden, die zwar vornehmlich in Beschimpfungen bestehen, die jedoch auch tatsächliche reale Konsequenzen androhen und oft genug verwirklichen. Sodaß die Hoffnung die sich auf die bloße Verbreitung der Medien beruft offensichtlich keinen festen Boden hat, und wenn man hofft daß der allgemeine Tenor dieser Medien mit der Zeit menschlichere Züge und Qualität annehmen wird so mag diese Hoffnung ebenso wenig begründet sein wie es die dahingehende Hoffnung leider schon immer gewesen ist.

Sollte jedoch wirklich eine zunehmenden Aufklärung der Bevölkerung zu verzeichnen sein so wäre dabei entscheidend, daß sie nicht nur zu-nehmende Klarheit der Erkenntnis beinhaltet sondern daß darin auch die Elemente eines zunehmenden Wohlwollens, eine zunehmende Wertschätzung der Kostbarkeit des Daseins, eine zunehmende Mit-menschlichkeit, eine zunehmende Vermeidung von Sinnwidrigkeiten und Existenzfeindlichkeiten in der Lebenswirklichkeit ihren herausragenden Platz finden und ihre Verwirklichung sich nicht mehr vorenthalten läßt.

Wo es wie gesagt erstaunlich anmuten mag, daß es bei der Verschiedenheit der menschlichen Persönlichkeiten mit ihrem jeweiligen individuellen Bewußtsein eine gemeinsame Haltung zu existieren erlaubt die ein funktionierendes Dasein existieren läßt das zumindest von einer Mehrheit gemeinsam getragen wird. Wo offensichtlich bei aller individuellen Verschiedenheit gemeinsame Überzeugungen die Oberhand besitzen. Selbst wenn man von der Art der Daseinsweise nicht von einem Idealfall reden kann, was dann wiederum respektive nach wie vor die Frage aufwirft, warum die Menschen in Anbetracht der Offensichtlichkeit dieser Defizite und ihrer nachteiligen Wirkung diese nicht im eigenen Interesse abgestellt haben. Was im extremen aber auch eben notwendigsten Fall selbst den Terror Stalins nicht zugelassen hätte.

Die Frage dann nach wie vor ob das Bewußtsein, die Mentalität, die Psyche der menschlichen Individuen sich auf ihrem Grunde wirklich zu ändern vermag. Selbst wenn sich feststellen ließe daß die Umgangs-formen im allgemeinen ziviler geworden sind, daß aber die zugrunde liegenden Empfindungen, Überzeugungen und Verhaltensweisen die gleichen blieben und durch höflicheres Verhalten nur verdeckt würden. Freilich wäre mit einer zivilen Umgangsweise und einem kultivierten Umgang untereinander sehr viel geholfen, von größerem Wert wäre es wenn sich dieser Wandel sich nicht nur auf das Äußerlichkeiten beschränkt sondern die Entwicklung sich auf gegenseitige Achtung, Wertschätzung, Rücksichtnahme und Wohlwollen erstreckt.

Wo man vor der Frage steht ob die Individuen, denen es offensichtlich Freude macht sich in Ergüssen von Gehässigkeit und Ressentiments zu ergehen, ob diesen Individuen nicht auch im Laufe der Zeit und der Weiterentwicklung der Zivilisierung und im noch überlegeneren Falls der Mitmenschlichkeit ihre Grobschlächtigkeit und Widerwärtigkeit zu Bewußtsein kommen könnte, oder ob Gewöhnlichkeit und Niedrigkeit einen unabdingbarer Zug des menschlichen Wesens ausmacht der keinem Wandel, keiner Einsicht und Bedauern zugänglich wäre.

Wo man freilich irgendwie froh sein könnte wenn die Verhaltensweise sich auf solche wörtlichen Äußerungen beschränkt und sich nicht viel-mehr in konkreten Tätlichkeiten äußert. Obschon zum einen Worte genauso verletzen können wie konkrete Tätlichkeiten, zum andern auch die Wahrscheinlichkeit dafür spricht daß beide, verbale und tätliche Angriffe nicht weit voneinander entfernt sind und wo der erstere den zweiteren oft genug nach sich zieht, jedenfalls als deren Anstiftung und Anreiz dient.

Die Frage ist wie ein jeweiliges Bewußtsein zustande kommt. Ob es et-was hilft zu sagen das Bewußtsein solle die oder jene Verfassung an-nehmen und aufweisen. Gut gemeint im allgemeinen obschon jeweils die Auffassung eines Individuums wiedergebend der wie jedes Individuum über ein bestimmtes Bewußtsein verfügt. Das jedoch der Auffassung eines anderen Individuums entgegen steht das von der Richtigkeit und Überlegenheit seiner eigenen Auffassung überzeugt ist, zumindest unter Berücksichtigung dessen Entsprechung zu den Gegebenheiten der eigenen Persönlichkeit, die eben eine andere ist und deren Bedürfnisse, Neigungen und Vorstellungen das eigene Bewußtsein wider-spiegelt.

Das Bewußtsein der Möglichkeit, eine gemeinsame und vereinigte Welt auf der Erde zu schaffen wird somit für derart schwierig wenn nicht undurchführbar gehalten, daß man angesichts insbesondere der unter-schiedlichen Entwicklungsstufen der einzelnen Gesellschaften eigentlich nicht glaubt daß dieses Vorhaben zu realisieren sein mag. Wäre es jedoch möglich ein Bewußtsein der Vorteile, der Notwendigkeit und letztlich der Überlegenheit einer solchen Gemeinsamkeit im Vergleich zum bestehenden politischen Zustand zu schaffen, so könnte dies bedeuten daß aus einer Aufgabe und einem Unterfangen der scheinbaren Unmöglichkeit eines der relativen Leichtigkeit, zumindest der Mach-barkeit geworden ist. Ganz besonders eben dann, wenn ein solches Bewußtsein über die rein praktischen und konkreten Gesichtspunkte hinaus die der existentiellen Geltung und Bedeutung mit in die Überlegung einbezieht, deren Berücksichtigung das Unterfangen in besonderem Maß unterstützen und fördern würde, indem es dem wesentlichen Aspekt der Verhältnismäßigkeit zu seinem Recht, zu seiner Bedeutung verhilft.

Wie jedwedes eine relative Leichtigkeit ist wenn man sie als solche auffaßt. Was freilich auch wiederum so nicht stimmt, denn wenn eine Stadt mitsamt ihren Menschen durch eine Atombombe vernichtet wird so ist dies natürlich keine Beiläufigkeit sondern eine Katastrophe, die durch keine Art von Bewußtsein ihre Ungeheuerlichkeit verliert. Wenn freilich durch viele Schrecknisse der Geschichte belegt ist, daß man vor Zerstörung und Mord auch solchen Ausmaßes nicht zurück schreckt die denen der Atombombe nicht nachstehen. Die bereits zur Anwendung gebracht worden ist, weiteres Zeugnis nicht einer überlegenen Qualität der Menschheit sondern vielmehr der Tierhaftigkeit. Oder vielmehr noch einer Stufe darunter, denn ein Tier bricht nicht in Jubel aus wenn es einen Gegner getötet hat.

Wenn man die immensen Vorteile bedenkt die die Bildung einer gemeinschaftlichen Menschheit mit sich bringen würde so nehmen sich die damit verbundenen Schwierigkeiten und eventuellen Einbußen da-gegen wie Geringfügigkeiten aus. Denn mit solcher Vereinigung wäre der Qualität des menschlichen Zusammenseins und Daseinsweise mehr als mit allem anderen gedient. Wenn die Defizite, Katastrophen und Mißstände die die Menschheit in ihrer Gesamtheit betreffen somit gemeinsam angegangen und bekämpft werden können.

Dies ist jedoch keineswegs der einzige Vorteil, eine genau so große Be-deutung liegt in der Tatsache, daß es in einer gemeinsamen Welt ungleich schwerer wenn nicht unmöglich gemacht wird, sich an bestimmten Stellen der Erde einzelne Auswüchse zu erlauben die in einer geteilten Welt nicht so ohne weiteres unterbunden werden können, da sie ein gemeinsames Handeln der Mehrheit erfordern. Diese Gemeinsamkeit ist in einer vereinigten Welt gerade gegeben, sodaß in deren Anbetracht derartigen Verletzungen von vorneherein Vorschub geleistet werden kann.

Wenn sich das Bewußtsein auf die höhere die existentielle Ebene begibt, so tritt im Vergleich zu der ultimativen Bedeutung der Existenz alles und jedwedes in den Hintergrund der Nachrangigkeit und Unter-ordnung. Sodaß selbst solche Angelegenheit wie die Schaffung einer gemeinsamen Welt, für die Menschheit keine Beiläufigkeit sondern von großer Wichtigkeit, von solchem Bewußtsein als Selbstverständlichkeit aufgefaßt werden würde. Ein solch existentielles Bewußtsein nimmt einen Blickwinkel und eine Perspektive ein, welche von außen her auf das Geschehen der irdischen Wirklichkeit blickt und dieses danach beurteilt, ob es den Kriterien der übergeordneten, kosmischen und existentiellen Gegebenheiten entspricht. Und Dasein und Verhaltensweisen nicht durch Sinnwidrigkeit oder gar der Existenzfeindlichkeit, Geringschätzung und Mißachtung entwertet sondern ihnen maximale Wertschätzung entgegenbringt.

Die Frage dann stets aktuell worin die wahre Bedeutung des Daseins und somit des menschlichen Individuums besteht. Mit der Frage ob diese Frage sinnvoll wennzwar wohl kaum allgemein übereinstimmend zu beantworten ist. Im absoluten und existentiellen Sinne müßte jedoch Einigkeit darüber herrschen, daß die Antwort im Wunder der Existenz und der Kostbarkeit des Daseins zu sehen ist. Daß dieser Sach-verhalt an und für sich gegeben ist, als Eigenschaft und Qualität an sich unabhängig von der Beschaffenheit der jeweiligen konkreten Situation. Es wäre in der Tat auch ziemlich schlecht um die Angelegenheit bestellt sollte sie auf ihre Wahrnehmung und Bestätigung durch das menschliche Bewußtsein angewiesen sein.

Was Bedeutung im landläufigen Sinne des menschlichen Zusammenlebens angeht so kommen für deren Zuordnung viele Gegebenheiten in Frage, über die im einzelnen nur in vielen Teilen Einigkeit besteht, die ihrerseits von unterschiedlichen Persönlichkeiten der Individuen ab-hängig ist. So wird als Maßstab für Bedeutung die jeweilige Prominenz einer Person herangezogen, die wiederum auf den verschiedensten Aktivitäten, Positionen und Verhältnissen basiert. Die Frage ist über-haupt, ob eine Notwendigkeit zu solchen Einstufungen besteht, ob der Tätigkeit eines Herzchirurgen etwa größerer Wert zugemessen sollte als der eines Politikers oder Architekten oder sonstwem. Einig wäre man sich jedenfalls in der Auffassung, daß Politiker nicht gleich Politiker ist sondern daß sie sich in ihrer jeweiligen Bedeutung unterscheiden. Was natürlich für andere Bevölkerungsgruppen ebenso gilt, ohne jeweils genaue Abstufungen verbindlich festlegen zu können.

Ein wichtiger Gesichtspunkt ist der inwieweit die Tätigkeit oder das Wirken eines Individuums der Gemeinschaft zugute kommt, im Unter-schied dazu ob die Bemühungen in erster Linie oder ausschließlich dem eigenen Nutzen gelten. Einen Gradmesser für Bedeutung stellt jeden-falls der jeweilige Bekanntheitsgrad und die Popularität der Persönlichkeit dar, obschon es in der Hinsicht auf echte im Unterschied zu oberflächlicher Bedeutung darauf ankommt, auf welche Leistungen Bekanntheit und Popularität zurückgehen.

Wenn in diesem Zusammenhang die jeweiligen Kulturkreise eine wichtige Rolle spielen, denn wo man in der christlichen Welt Jesus als einen der bedeutendsten Individuen ansieht die je gelebt haben, so wird der Islam die Person Mohammeds dahinter nicht zurückstehen lassen, noch die Buddhisten Buddha und so fort. Die Frage ist wenn man das Format und die Größe von Jesus dennoch für die überlegene hält ob nicht eindeutige Aspekte und Qualitäten diese Einschätzung unabhängig von allen Unterschieden des jeweiligen Kulturkreises belegen. Das gleiche gilt für Berühmtheiten auf anderen Gebieten des Daseins, denn auch hier werden etwa verschiedenartige Kulturen die Musik ihrer ei-genen Künstler derjenigen aus anderen vorziehen und dementsprechend die Bedeutung verteilen. Ob man nicht dennoch in Johann Sebastian Bach einen Künstler und Musiker sehen muß der von anderen kaum erreicht wird, selbst wenn deren Popularität in ihrem eigenen Kulturkreis dem von Bach nicht nachstehen mag.

Einigkeit jedoch muß allgemein darüber unter allen Menschen bestehen, daß die maximale die ultimative Bedeutung der Existenz als solcher zukommt, und davon abgeleitet den menschlichen Individuen als deren Manifestation und substantielle Verkörperung. Sodaß in diesem Hinblick und unter diesem Aspekt alle Unterschiede hinsichtlich der Bedeutung entfallen wenn man was man muß diese Angelegenheit aus der grundsätzlichen der existentiellen Sicht betrachtet. Die sich von der profaneren Sicht unterscheidet, die sich mit dem weltlichen Verhalten des Individuums befaßt.

Wenn solch allgemeine Einigkeit in Bezug auf die existentielle Bedeutung des menschlichen Individuums bestehen müsse so würde von solchem Zustand des Bewußtseins aber kaum angenommen, daß diese existentielle Bedeutung jedoch in so gut wie keiner oder kaum einer Weise im allgemeinen Bewußtsein verankert ist und eher weit von solcher Verankerung entfernt. Mit dem beklagenswerten Resultat, daß die Beschaffenheit des Daseins somit weitgehend der Qualität entbehrt die ihm aufgrund seiner existentiellen Bedeutung innewohnt, unabhängig von der Abwesenheit solcher Anerkennung. Mit dem Ergebnis aller-dings daß dieses Dasein zum

Teil große Defizite aufweist die bei der allgemeinen Vergegenwärtigung seiner Kostbarkeit und der entsprechenden Wertschätzung undenkbar wären.

Die Hauptaufgabe für die Menschheit ergibt sich daraus von selbst, nach aller Möglichkeit sich um ein solches Bewußtsein zu bemühen, im eigenen größten Interesse im Hinblick auf die gesteigerte Qualität

ihres Daseins die sich aus einem solchen Bewußtsein ergeben. Unabhängig von der Wahrscheinlichkeit der Erfolgsaussichten, von denen diese Bemühungen getragen würden, die man weder in positiver noch in negativer Hinsicht abzuschätzen vermag. Die jedoch zumindest keine Unmöglichkeit ausmachen, sodaß solche Bemühungen keineswegs als verschwendet gelten dürfen. Zumal wenn die Erwartungen einem Maßstab entsprechen der sich nicht auf entweder oder beläuft sondern wo jeder noch so geringe Fortschritt und Verbesserung der Qualität des Daseins höchst willkommen wäre.

Die Frage dann ob diese existentielle Bedeutung des menschlichen Individuums durch eine minderwertige Verhaltensweise eventuell negiert wird. Und welchen Sinn respektive welche Auswirkung die Behauptung dann hätte, daß diese grundlegende Bedeutung gar nicht aberkannt werden oder verlustig gehen kann, auch durch noch so negatives Ver-halten nicht. Das heißt auf welche Weise sich diese unabdingbare Be-deutung manifestiert respektive von den menschlichen Individuen selbst zum Ausdruck gebracht werden könnte. Das heißt wenn sie eine solche Veranlassung als gegeben ansehen, wenn sie allen Mitmenschen diese Wertschätzung zukommen lassen. Wonach der allgemeine Sinn jedoch eben nicht stand, wo man vielmehr den Individuen mit Ab-scheu und Ablehnung begegnete die sich ein existenzfeindliches Ver-halten zuschulden kommen lassen, in welchen Fällen von existentieller Bedeutung keine Rede mehr ist.

Die Frage ist nach welchen Maßstäben und Kriterien sollte solcher Wandel des Bewußtseins und der Verhaltensweise erfolgen, wenn die Daseinsbereiche in der Menschheitsgeschichte ihre Auslotung im Hin-blick auf Funktionstüchtigkeit erfahren haben und sich auf Tradition gründen, die sich aufgrund und gemäß von menschlichen Vorstellungen, Neigungen und Bedürfnissen der Menschen herausgebildet haben und ein wenn auch in mancher Hinsicht unvollkommenes Zusammenleben ermöglichen, das auf andere Weise eventuell nicht funktioniert.

Dennoch ist der Grund für die Schieflage in erster Linie wenn nicht hauptsächlich und ausschließlich in der geringen Wertschätzung zu suchen die die Menschen sich gegenüber in vielen Fällen erweisen. Ein Verhalten das ein Bewußtsein des existentiellen Wertes des menschlichen Individuums in keiner Weise erkennen läßt. Falls man einen Wandel hin zur wertvollen Qualität des Daseins anstrebt, so müßte man bei diesem Bewußtsein der Kostbarkeit der menschlichen Individuen ansetzen, von dem das Gelingen eines solchen Vorhabens mehr als von allem anderen abhängig wäre, die Bildung eines Bewußtseins der gegenseitigen Wertschätzung dieser Individuen das den entsprechenden Wandel des Daseins hin zur Erkenntnis einer seiner Kostbarkeit und Bedeutung nach sich ziehen würde.

Jede andere Betrachtung stellt eine verkehrte Reihenfolge dar, indem das Bewußtsein der Wertschätzung trotz der individuellen Lebensverhältnisse an erster Stelle stehen muß, sodaß ein solches Bewußtsein der Kostbarkeit des Daseins sich nicht als von der

Betrachtung ungünstiger Bedingungen beeinträchtigt erweist. Sondern von der Überzeugung ausgeht daß ein Bewußtsein der existentiellen Kostbarkeit dieses Daseins eine dieser entsprechende Beschaffenheit des Daseins bewirkt. Und daß sich hieraus ergibt, daß dem individuellen Bewußtsein zum Erreichen der wahren Qualität des Daseins Vorrang eingeräumt werden muß, indem dieses Bewußtsein somit nicht davon abhängig gemacht werden kann daß die Bedingungen des Daseins eine entsprechende Qualität aufweisen, zu denen das Bewußtsein dem Dasein gerade verhelfen soll und die ohne ein solches eventuell nicht geschaffen werden.

Bei der Bildung eines solchen Bewußtseins spielt die Berücksichtigung der Verhältnismäßigkeit eine ausschlaggebende Rolle. Indem die Be-achtung der existentiellen Dimension die ausschlaggebende Rolle. Statt wie gebannt auf den im Verhältnis begrenzten Horizonts der irdischen Situation zu starren und diesen mit aller Verbissenheit für die Gesamtheit der Existenz zu halten, über den hinaus das menschliche Bewußtsein hinaus zu gelangen nicht für wesentlich oder notwendig hält besteht die Aufgabe der Verhältnismäßigkeit darin, das Bewußtsein dahin zu weiten und zu der Erkenntnis und Überzeugung zu bringen, daß der Wesentlichkeit der Existenz und somit des menschlichen Individuums mit solcher Beschränkung und Begrenzung auf die konkreten Gegebenheiten des Daseins in keiner Weise gerecht werden kann, sondern daß die Kostbarkeit des Daseins sich nicht in erster Linie auf die Gegebenheiten seiner materiellen Beschaffenheit gründet sondern daß deren Basis vielmehr auf ihrer existentiellen Natur beruht, als Teil und Manifestation der Existenz als solcher.

Was als Folge bedeutet, daß im menschlichen Bewußtsein eine grund-legende Revision und Umkehr der Werte stattfinden würde, indem die größte Wertschätzung nicht mehr den materiellen Aspekten und Gegebenheiten des Daseins sondern den immateriellen geistigen entgegengebracht wird. Dieser Wandel müßte sich aufgrund einer echten Überzeugung der Individuen vollziehen, der Vorteile oder zumindest der Notwendigkeit wegen. Indem mit steigender Aufklärung und geistiger Entwicklung die materiellen Gegebenheiten des Daseins zunehmend an Reiz verlieren, wo deren Eindimensionalität sich mehr und mehr offenbart, womit sich das qualitativ höhere Bewußtsein der menschlichen Individuen auf Dauer nicht mehr zufrieden geben kann sondern nach einem Dasein mit wesentlicherem qualitativ höheren Gehalt verlangt. Und wenn diesen Individuen zudem mehr und mehr bewußt wird, daß sie in allen Zeiten nur dieses eine Mal über ein Leben verfügen, dem man somit die höchstmögliche Qualität verleihen muß um es nicht unter Nichtbeachtung seiner Kostbarkeit zur Bedeutungs-losigkeit der Geringfügigkeit verkommen zu lassen.

Der andere Aspekt und die andere Veranlassung eines Bewußtseinswandels ergibt sich aus dessen Notwendigkeit, die dem Menschen keine andere Wahl läßt als eine Revision und Wandel seiner Prioritäten vorzunehmen, weg von der maximalen Wertschätzung der materiellen Gegebenheiten hin zur Bevorzugung der geistigen Seite des Daseins, indem sich mehr und mehr die Notwendigkeit zur Reduzierung der Beanspruchung offenbart, die insbesondere durch die steigende Erdbevölkerung an den Planeten gestellt wird. Und zumal all diese Menschen die gleichen Ansprüche stellen und die Unterschiede zwischen privilegierten Teilen der Erde und benachteiligten nicht mehr hinnehmen. Wenn zwar die Wahl besteht die Folgen der Weigerung eines solchen Lebenswandels zu leugnen oder zu ignorieren solange bis es nicht mehr geht, diese Folgen sehenden Auges bis zum Verderb in Kauf zu nehmen. Der entstehende Schaden wird in solchem Falle mehr und mehr irreversibel sein, sodaß alle Hoffnung darauf ruht daß die Vernunft noch rechtzeitige Einsicht zeigt.

Denn es findet eine Entwicklung unseres Planeten statt deren Auswirkungen immer augenfälliger werden und in vielerlei Hinsicht offen-sichtliche negative Einflüsse auf das Dasein ausüben. Sodaß wenn die Atmosphäre immer wärmer und heißer wird die menschlichen Organismen Gefahr laufen innerlich zu verbrennen. Wo nur die extremsten Kritiker diese Entwicklung noch leugnen, auf jeden Fall aber hartnäckig die Meinung vertreten daß die Menschen die Gefahren rechtzeitig bekämpfen und verhindern können, ohne daß eine grundlegende Not-wendigkeit besteht die vorwiegend materielle Basis ihrer Lebensweise fundamental ändern oder gar aufgeben zu müssen. Umso vorteilhafter wäre jedoch die Erkenntnis, daß eine Verlagerung des Schwerpunktes von der materiellen auf die immaterielle Seite weniger einen Verzicht als vielmehr eine Zunahme der echten Zufriedenheit bedeuten würde, die letztlich dem Verlangen entspricht und auf freiwilliger Basis erfolgt.

7

Es mag es unmöglich seine Kriege mit Bestimmtheit und Verbindlichkeit einzelnen Individuen zur Last legen zu wollen, wenn in aller Regel ganze Bevölkerungsgruppen und Nationen in ihrer Mehrheit den Krieg befürworten und ihn zumindest als notwendig, wenn nicht auch als begehrenswert erachten und mit ihrer Meinung keineswegs hinter dem Berg halten. Sodaß das Staatsoberhaupt der Volksmeinung entweder folgen müßte oder zurücktreten, in welchem Falle seine Person schnell durch eine kriegswilligere ersetzt würde. Freilich existieren auch Bei-spiele, in denen die Bevölkerung von ihrem Staatsoberhaupt überredet, überzeugt oder einfach übergangen würde, jedenfalls aber nicht vor die Möglichkeit einer Wahl gestellt die unter Umständen Gefahr für das eigene Leben bedeuten könnte.

In aller Regel kann das Staatsoberhaupt sich jedoch auf die willige Unterstützung und Mithilfe seiner Bevölkerung verlassen. Mit der Frage je nach Einzelfall ob es einem Staatsoberhaupt gelingen könnte in einer auf Krieg versessenen Bevölkerung einen Stimmungsumschwung und Bewußtseinswandel in Hinsicht auf Erhaltung des Friedens zu bewirken. Eine wirksame Methode wäre natürlich der Hinweis darauf, daß der Krieg einen Verstoß gegen die Sinnhaftigkeit und Verhältnismäßigkeit und gegen die Kostbarkeit der Existenz und des Daseins darstellt.

Da solche Hinweise im praktischen politischen Geschehen nicht erfolgen bedeutet natürlich, daß sie eben nicht für wirksame Methoden der Verhinderung von Kriegen gehalten werden. Und dies wohl auch zu Recht nicht da man im anderen Falle von diesem Einwand Gebrauch gemacht hätte. Was selbst so jedoch die Frage nicht unbedingt von vorneherein nicht sinnlos oder überflüssig macht ob nicht die Zukunft solcher Erkenntnis einen hervorragenden Platz zuweist, wenn die ihr zugrundeliegende Substanz von einem derartigen Gewicht und Werthaltigkeit besitzt von der man eigentlich überzeugt sein muß daß sie auf Dauer gesehen kaum zu übersehen und übergehen und ignorieren sein kann. Wenn man soviel Vertrauen in die Vernunft hat daß diese imstande ist dem Menschen seinen wahren Vorteil aufzuzeigen, und dem Menschen soviel Verständigkeit daß er sich diesem wahrgenommenen Vorteil entsprechend verhält. Obschon streng genommen nach Maßgabe der Logik dies hätte bereits immer schon der Fall sein müssen, und ob es so sein wird wenn es nicht so war.

Wenn sich die Lebensumstände jedoch weitgehend geändert haben, sodaß wenn etwa Armut und Elend eine der Hauptursachen für Kriege ausgemacht hätten, indem man sich von diesen entweder Gewinne er-hoffte, oder wenn das Dasein über keine Attraktionen verfügte sondern eher eine Last darstellte die den Verlust dieses Lebens zumindest gleichgültig sein ließ, der nicht so schwer fiel. Daß die Situation jeden-falls anders aussah wenn das Dasein einen gewissen Lebensstandard aufwies den man durch Kriege in Gefahr geraten sah verlustig zu gehen. Sodaß man sich hütete in solche Situation zu geraten. So weit die Theorie, die jedoch anderen Aspekten nicht standzuhalten vermochte wenn Kriege anderer Gesichtspunkte wegen für notwendig oder geboten erschien.

Da nun das Leben als größte Kostbarkeit größten Wert besitzt muß die Menschheit Sorge tragen daß Verhältnisse auf der Erde bestehen die eine solche Auffassung angemessen und keineswegs abwegig sein las-sen. Gerade diesem Zweck – zusammen mit anderen – dient die Schaffung der menschlichen Gemeinschaft, um durch solche Einigung eine Angleichung der Lebensverhältnisse in allen Gebieten der Erde anzustreben und zu bewirken. Damit die extremen Gegensätze von arm und reich sowie die Durchsetzung egoistischer Vorteile auf Kosten und zu Lasten anderer Bevölkerungen aufgehoben werden. Welche neben an-deren in besonderer Weise als Kriegsursachen dienten.

Was man mit Bestimmtheit sagen kann ist daß durch die Verbreitung der Medien bedingt eine weltweite wenn nicht Angleichung so doch der Kenntnis und eventuell Verbreitung der gleichen Art des Denkens stattgefunden hat, die nicht mehr rückgängig zu machen ist und die darauf drängt, daß man auf überlegene Daseinsweisen anderer Teile der Menschheit von denen man somit Kenntnis erhält auch selbst nicht verzichten will sondern diese ebenfalls begehrt. Wenn Vieles darauf hindeutet, daß die Öffentlichkeit das heißt das allgemeine Bewußtsein eine Zunahme der Aufgeklärtheit aufweist, zumal wenn man es mit dem Bewußtsein der Menschen etwa des Mittelalters vergleicht, in welchem finstere Mächte und der Glaube an Dämonen lebendig waren. Wenn die Aufgeklärtheit sich weiter fort entwickelt so müßte sie an ihrem Ende zu dem Resultat der Erkenntnis einer überlegenen Wirklichkeit gelangen, eine Daseinswirklichkeit in der die Verhältnismäßigkeit die eine ihr zustehende herausragende Rolle angenommen hat. Da es mit der Sinnhaftigkeit nicht zu vereinbaren ist daß Gegebenheiten geringerer Bedeutung der Vorzug vor solchen der größeren und letzt-endlich der maximalen gegeben wird, und wenn die Aufgeklärtheit einen solchen Grad erreicht hat daß man geringere und größere Bedeutung sinngemäß das heißt je nach ihrem wahren Wert zuordnet. Und ihn nicht an Tinnef und Beiläufigkeiten verschwendet, was die Beachtung der Verhältnismäßigkeit verhindern würde.

Dieser zutreffende Blick stellt sich besonders bei der Betrachtung der Erdoberfläche und des Treibens offenbar, wenn er von außerhalb des Planeten vom Kosmos her auf dieses gerichtet ist. Dem Argument daß man mit diesen Defiziten wohl oder übel zurechtkommen muß, da sie im menschlichen Wesen verankert sind und sich somit naturgemäß in der Verhaltensweise unabänderlich manifestieren, steht die Tatsache entgegen, daß für das menschliche Bewußtsein – zumindest in wesentlichen Bereichen – eine positive Entwicklung zu verzeichnen ist und daß die Aussicht nicht ohne Berechtigung ist daß diese Entwicklung nicht abgeschlossen ist sondern weiter fortschreitet. Bis diesem Bewußtsein allgemein das Wunder der Existenz und die Kostbarkeit des Daseins gegenwärtig sein wird, und zwar nicht nur als Sprechblase sondern als Überzeugung und im besten Fall als Empfindung, und daß man alles daran setzt die Lebenswirklichkeit diesem Bewußtsein entsprechend zu gestalten.

Natürlich kann man hingehen – und der Gedanke liegt seinerseits nahe – daß das Leben der Wirklichkeit so wie es auf der Erdoberfläche gelebt würde als das dem Menschen einzig gegebene aufgefaßt werden müsse und ein anderes wenn, dann nur in der Vorstellung als ein Jenseits aber nicht in der irdischen Realität zur Verfügung steht. Daß man leider nicht den offensichtlichen den wesentlichen Schluß gezogen hat daß, wenn dieses Leben das einzige ist das man je haben wird, daß man es aus diesem Grunde umso wertvoller schätzen müßte und es nicht um im Verhältnis beiläufiger und nachrangiger Gegebenheiten wegen qua-si achtlos aufs Spiel setzt.

Jeder Mensch ist ein Individuum mit einer bestimmten Persönlichkeit, mit einem bestimmten Bewußtsein, bestimmten Meinungen und Vor-stellungen die es in aller Regel auch für richtig hält. Von denen es über-zeugt ist daß die Menschheit besser dran wäre wenn man diese Auffassungen allgemein übernehmen würde und diesen entsprechend sich verhalten und leben. Ist demnach ein Individuum von friedfertigem Charakter so wäre es von der Überlegenheit solcher Verhaltensweise überzeugt, davon daß die Verhaltensweise allgemein eine friedfertige sein sollte und die Menschheit mit dieser besser bedient und besser dran wäre. Wenn man jedoch auf die Lebenswirklichkeit blickt so ist diese eher vom Gegenteil der Friedfertigkeit geprägt. Was nicht bedeutet daß die Meinungsäußerungen im allgemeinen und vorwiegend nicht die Vorteile des Friedens betonen würden. Die Disprekanz zwischen diesen Äußerungen und tatsächlichem Verhalten ist jedoch zu groß als daß sie unbemerkt bleiben könnten. Wenn man sie dennoch unkommentiert läßt und einerseits in der gewohnten hergebrachten Art mit den Kommentaren fortfährt, andererseits jedoch den Kriegen keineswegs abschwört, so deutet dieses Verhalten auf eine Gleichgültigkeit und Abneigung hin, sich mit den grundlegenden Gegebenheiten des Daseins wirklich ernsthaft auseinander zu setzen und die unzulängliche und defizitäre Wirklichkeit mit den hehren Beteuerungen in Ein-klang zu bringen. Oder eben den Vorwurf der Sinnlosigkeit scheuen und von Beteuerungen ablassen von denen man gar nicht anders als wissen kann daß sie in der Wirklichkeit nicht greifen.

Richtet man den Blick auf diese Wirklichkeit so würde man eher zur Auffassung gelangen daß diese von Beispielen des Ressentiments, Aggressivität, Gehässigkeit und eher feindseligen als friedfertigen und wohlwollenden Merkmale bestimmt ist. Wenn man freilich mit Äußerungen der Unabänderlichkeit dieser Situation Vorsicht walten lassen müßte, denn der bloße Blick auf die Lebenswirklichkeit der

Neuzeit im Vergleich etwa mit der der Ureinwohner läßt klar werden, welch ungeheure Distanz die Menschen in der Entwicklung ihrer Daseinsgestaltung zurückgelegt haben, was auf die entsprechende Weiterentwicklung des Bewußtseins zurückzuführen ist. Und daß man keineswegs zur Annahme gezwungen ist daß dieser Weg nicht unbedingt zu Ende sein sollte sondern nicht auch noch weiter zu höheren Stufen der Bedeutung führen kann. Von denen die nächste die allgemeine Annahme des Vorteils des Wohlwollens und der Friedfertigkeit ausmacht, verbunden natürlich mit deren Durchsetzung und Vorherrschaft in der Realität des Daseins. Und eventuell gar die höchste Stufe erreicht wird, das Bewußtsein des Wunders der Existenz und der Kostbarkeit des Daseins und seiner Individuen.

Selbst so ist nicht zu übersehen, daß auch diesen negativen Empfindungen gewisse Riegel vorgeschoben sind, insbesondere was ihre Um-setzung in die Wirklichkeit betrifft, denn die Sphäre einer jedweden Persönlichkeit ist vor Angriffen durch Gesetze wenn schon nicht durch allgemein gültige Regeln des Verhaltens geschützt. Sodaß man sehr wohl von einem zivilisierten Dasein reden kann, wäre es nicht darum zu tun daß Meinungsäußerungen insbesondere in den sozialen Medien, die ihrer Gewöhnlichkeit freien Lauf lassen und auf die Würde des Menschen wie sie in Verfassungen garantiert sein soll keine Rücksichtnahme erkennen lassen darauf hinweisen würden, daß für ein Dasein in dem solche Unflätigkeiten einen breiten Raum einnehmen die Be-zeichnung zivilisiert eigentlich nicht angebracht ist.

Wo freilich ein Individuum von der Richtigkeit und Überlegenheit seiner Auffassung der Friedfertigkeit und des Wohlwollens überzeugt ist, so wird die gleiche Überzeugung der Richtigkeit oder gar

Überlegenheit seiner Verhaltens- und Daseinsweise im Bewußtsein eines Individuums vorherrschen, das sein Leben mit den Mitteln des Kampfes, der Stärke, der Durchsetzung und der Rücksichtslosigkeit zu bestreiten gewohnt ist und für geboten hält. Obschon man in solch letzterem Falle im allgemeinen weniger dazu geneigt sein mag die Maximen solchen Verhaltens als überlegen anzupreisen. Was dann freilich ein Anzeichen dafür sein mag daß die Empfindungen und Beweise von Friedfertigkeit und Wohlwollen im Gegensatz zu denen der Aggressivität für von größerem Wert gehalten werden.

Somit aber die Frage ob sich aus einem aggressiven Temperament ein friedfertiges machen läßt, und wenn ja wie? Denn das eine ist offen-sichtlich, daß die menschliche Daseinsweise, das Bewußtsein der Menschheit nicht vorrangig sondern in relativ geringem Maß oder wenn dann nur sporadisch und teilweise von Empathie und Mitgefühl bestimmt ist. Daß aber gerade das menschliche Mitgefühl mehr als je-de andere Eigenschaft erforderlich ist um das Leben wirklich lebens-wert sein zu lassen. Indem man eventuell so weit ge-hen könnte zu meinen, daß selbst ein Bewußtsein des Wunders der Existenz und der Kostbarkeit des Daseins, ein Bewußtsein das als die höchste Stufe gelten mag die vom menschlichen Bewußtsein er-reicht werden kann, daß selbst diese existentielle Erkenntnis ohne gleichzeitige Empfindung menschlichen Mitgefühls, für die Mitwelt und insbesondere für die Mitmenschen, an einem Mangel leidet.

Denn so unverständlich es anmutet daß die gesamte Weltöffentlich-keit mit offenem Mund zuschaut wie eine wehrlose Bevölkerung ei-nem Bombenterror erliegt von dem zum größten Teil Frauen und Kinder betroffen sind, zuschaut ohne einzugreifen und dieser Un-menschlichkeit Einhalt zu gebieten, wenn bloße Ausrufe des Entset-zens, Äußerungen der Empörung offensichtlich wirkungslos verhallen und man um diese Wirkungslosigkeit natürlich weiß. Nicht etwa daß eine geschlossene Weltöffentlichkeit nicht über die Macht verfügen würde, wenn die Bereitschaft sie einzusetzen so offensichtlich wäre daß keiner ihrer Teile auf die Idee käme sie herauszufordern, sich ihr zu widersetzen und zu Maßnahmen der Unmenschlichkeit greifen zu wollen.

Wenn solche Einigkeit der Weltöffentlichkeit jedoch nach Lage der Gegebenheiten nicht herzustellen ist solange jeweilige eigene Interessen die Hauptrolle spielen, die nach gängiger Auffassung gerade nicht in der Hilfe für andere liegen von denen man sich keine Vorteile erhofft. Wenn der Vorteil der in einer Weltgemeinschaft des allgemeinen Friedens liegt offensichtlich nicht als genügend angesehen wird um einen Beitrag zu seiner Verwirklichung zu leisten. Wo dem menschlichen Mitgefühl jedenfalls nicht der fraglosen Vorrang vor materiellen Interessen zugeordnet wird, dem Wert des Lebens und der Vermeidung von dessen Beeinträchtigung mit dem daraus sich ergebenden Leid der menschlichen Individuen nicht die höchste Bedeutung gesehen wird dem vor allen anderen Interessen gedient werden muß.

Auch hier wieder die Tatsache der unterschiedlichen menschlichen Persönlichkeiten, ihrer verschiedenen Temperamente, Naturen und Wesen, bei deren Mehrheit Empathie und Mitgefühl von anderen Eigenschaften überlagert wird und der eigenen Mentalität eher fern liegen. Indem man ohne diese ganz gut durchs Leben zu kommen wüßte, indem man nicht richtig imstande ist solche Gefühle aufzubringen, noch sie freilich auch wirklich von anderen erwarten würde. Sondern eher geneigt sie für Weichlichkeit zu halten von der man keine allzu hohe Meinung hätte. Vielmehr der eigenen Kraft vertraut, sicher mit Härte durch das Leben zu kommen und dessen

Widrigkeiten meistern und verkraften zu können, ohne auf Empathie und Mitgefühl unbedingt angewiesen zu sein.

Die Frage dann ob eine Wesensart solcher Natur zu einer Wandlung im Hinblick auf Empathie und Mitgefühl fähig ist. Wenn man die gegebene Mentalität und Persönlichkeit für gerechtfertigt hält, das heißt wenn man in diesem Zusammenhang überhaupt von Berechtigung reden kann, denn die Dinge sind wie sie sind und ob man nicht am besten fährt, was und wie man es auch allgemein zu praktizieren pflegt, wenn man sich mit der Situation wie sie ist abfindet und versucht so gut wie möglich mit ihr durchs Leben zu kommen. Zumal man mit dem Anliegen auf deren Wandlung auf die Unmöglichkeit der Verwirklichung stößt, die in der Natur des menschlichen Wesens begründet ist.

8

Für solcherart Überlegungen die Existenz im allgemeinen und die Empathie im besonderen betreffend meint man im allgemeinen eher wenig Zeit übrig zu haben da man mit den Alltagsgeschäften mehr als genug am Hals hat. Die Allgemeinheit jedenfalls ist von der maximalen Wichtigkeit der praktischen Angelegenheiten überzeugt mit denen sie befaßt ist, denen von realer und konkreter Art. Daß es aber dennoch höchst unveständlich ist daß die Menschheit nicht zu allererst dafür Sorge trägt, daß sie sich den Betätigungen mit denen sie befaßt ist gefahrlos hingeben kann und statt wenn nicht in wirklicher Besorgnis über die Gefahren etwa eines Atomkrieges oder einer Klimakatastrophe zu leben so jedoch diese eigentlich ständig im Bewußtsein haben zu müssen. Und alle Bemühungen zuvorderst darauf zu richten daß sie diese Bedrohungen von sich nimmt.

Mit dem Bewußtsein daß solche Situationen der Sinnwidrigkeit und Existenzfeindlichkeit in einer Welt echter Qualität keinen Platz haben. Und somit alle Bemühungen darauf gerichtet sind das Leben in einen Zustand zu bringen, in dem man sich ohne Einschränkungen den wahr-haft wesentlichen Angelegenheiten des Daseins zuwenden und diesen hingeben kann. In der Überzeugung daß diese Überlegenheit der größeren Bedeutung in der geistigen Seite des Daseins im Vergleich zur materiellen gegeben ist. Sodaß man dessen Angelegenheiten in einem entsprechend angstfreien Bewußtsein nachkommen kann, in einer Situation die sich etwa mit der fortwährenden selbst wenn unterbewußten nuklearen Bedrohung dieses Daseins nicht vereinbaren läßt.

Wenn man wohl zu Recht von der Annahme ausgeht daß die Zahl der Individuen überwiegt, die eine atomare Aufrüstung und ganz gewiß deren Anwendung ablehnend gegenüber stehen so ist andererseits durch die Wirklichkeit bewiesen, daß eine große Anzahl von Individuen existiert denen diese Situation als natürlich oder zumindest notwendig er-scheint. Die keine Schwierigkeit damit hat sich das Unvorstellbare vor-zustellen, dessen eventuelle Konsequenzen zu akzeptieren, das heißt wenn die Einbildung dazu weit genug reicht, oder wenn man sich nicht davor scheut sich die Vorstellung diesen Schreckensbildern auszusetzen. Doch selbst wenn ihre Vorstellung dafür ausreichen sollte sich die extremsten Auswirkungen der kompletten Vernichtung vor ihr geistiges Auge zu führen so müsste man dann – und gerade dann – dabei bleiben daß sie nicht wissen was sie tun.

Wenn sich die Frage ergibt wie es einer Minderheit gelingen kann, ihre Vorstellungen zu verwirklichen und praktisch gegen den Willen der Mehrheit. Wenn die Wirklichkeit derart beschaffen ist so muß es einen Grund dafür geben, womit keineswegs gesagt ist daß dieser ein guter sein muß. Wenn die Mehrheit nicht auf der Durchsetzung ihrer Vorstellungen und ihrer Wünsche beharrt so muß man fragen warum sie es nicht tut, warum sie ihrerseits nicht das Gewicht ihrer überlegenen Masse zur Geltung bringt statt sich in eine ihr nicht genehme Situation zu fügen. Denn daß diese Allgemeinheit in ihrer Mehrheit damit ein-verstanden ist oder diese herbei wünscht würde eigentlich bedeuten daß man sich selbst die Pest an den Hals wünscht, wovon kaum auszugehen ist.

Da ist freilich zum einen die Tatsache daß diese Mehrheit nicht mit einer Stimme spricht, wozu unter anderem an die erforderlichen technischen Möglichkeiten nicht zur Verfügung standen. Zum anderen war die individuelle Überzeugung nicht so stark daß man sie gegen alle Widerstände durchzusetzen bereit wäre, zumal dies mit Unannehmlichkeiten vebunden wäre denen man aus dem Weg gehen möchte. Dafür aber die Möglichkeit der maximalen Unnehmlichkeit in Kauf nimmt, die Gefahr der nuklearen Vernichtung.

Die Erörterung kann sich jedoch sinnhafterweise nicht auf die Vergangenheit sondern muß sich auf die Zukunft beziehen. Die Vergangenheit wird durch nichts mehr geändert, und es ist daher nicht eigentlich relevant, ein Urteil über deren Mängel abzugeben; die Hoffnung muß auf eine Situation der Sinnhaftigkeit in der Zukunft gerichtet sein. Vor allem daß sich Aufklärung der Bevölkerung deutlich erhöht haben wird. Daß sich letztlich die Mentalität der Menschlichkeit einstellt und daß die Mittel und Möglichkeiten zu deren Durchsetzung gegeben sind. So-daß die große Hoffnung darauf beruht, daß der Verhältnismäßigkeit die Rolle zugestanden wird die ihrer wahren Bedeutung entspricht, da oh-ne ihre Beachtung das Dasein nicht zur Verwirklichung der wahren Qualität gelangen kann sondern nach wie vor solche Sinnwidrigkeiten aufweist wie sie die atomare Aufrüstung und letztendlich Kriege als solche darstellen, deren Zweck gerade das Gegenteil der Wertschätzung der Kostbarkeit des Lebens nämlich dessen Vernichtung aus-macht.

Falls sich die Menschheit mit einer solchen Situation zufrieden zeigt, respektive wenn sie ihr gleichgültig ist oder wenn sie das entsprechen-de Bewußtsein, Motivation und Bereitschaft nicht aufzubringen im-stande ist, was in allen Fällen das Desinteresse an einem

wertvollen Dasein erklären so aber doch nicht entschuldigen würde
– an entsprechenden Hinweisen und Anregungen hat es nicht gefehlt - so legt die Angelegenheit doch in jedem Fall Zeugnis ab nicht
nur von der Unzulänglichkeit der Situation als solcher sondern vom
Format der menschlichen Individuen, die sich damit das heißt der
Unzulänglichkeit zufrieden geben.

Womit man sich nicht zufrieden geben kann, wenn die Möglichkeit
oder gar die Wahrscheinlichkeit dafür sprechen könnte, daß die Aufklärung des Bewußtseins im Verlaufe der weiteren Zeit für die entsprechende Richtigstellung und Korrektur der Qualität der Daseinsbedingungen und die letztendliche Wahrung der Verhältnismäßigkeit Sorge tragen wird. Für einen Zustand das heißt ein Bewußtsein
sorgt, daß obschon der Planet Erde im Verhältnis eine untergeord-
nete Bedeutung besitzt, daß er dennoch als Teil des Universums
aber Anteil an dessen Bedeutung hat. Und für die Menschen ist
diese umso größer als er als ihre kostbare Heimstatt dient. Sodaß es
mehr als auf alles andere da-rauf ankommt, daß diese Auffassung
die selbstverständliche im menschlichen Bewußtsein ausmacht und
somit die Basis der Wirklichkeit darstellt, eine Garantie der Qualität
die der Erde als einem Be-standteil des Kosmos sowieso zu eigen ist,
die jedoch ihre Steigerung dadurch erfährt daß sie auf ihrer Oberfläche Leben aufweist das diese Qualität bewußt zu erleben imstande
ist. Ein Sachverhalt und Tatbestand der dieser Qualität noch einen
besonderen Glanz verleiht und dessen sich nicht jeder Himmelskörper rühmen kann. Der diesen Lebe-wesen jedoch noch weniger das
Recht gibt diese privilegierte Situation zu mißachten und diesem
Himmelskörper zu schaden.

Wenn demnach menschliche Individuen sich anderen als überlegen
vorkommen so kommt in dieser Geisteshaltung zum Ausdruck, daß

die-se Situation der Über-/Unterlegenheit der Menschen untereinander von ihnen als die Angelegenheit maximaler Bedeutung aufgefaßt wird mit der das Bewußtsein vor allem befaßt sein sollte. Wobei es nicht ausbleiben kann daß dies auf Kosten und zu Lasten anderer Gegebenheiten geschieht, die über ungleich größere Bedeutung verfügen. Respektive daß sich darin implizit ein negatives Urteil über die Bedeutung des eigenen Individuums offenbart.

Wenn es sich freilich derart verhalten mag daß diese mentalen Vorgänge sich unbewußt, automatisch und instinktiv vollziehen und somit der Kontrolle des Bewußtseins und Willens nicht unterliegen. Wobei sich wieder die Frage stellt, ob solcher Bewußtseinsvorgang in gleicher Weise und Stärke zur Ausstattung und Mentalität einer jedweden Persönlichkeit gehört oder nur bei manchen, eventuell den meisten, ob weniger oder stärker ausgeprägt. Und ob das instinktive Vorkommen solcher Mentalität dadurch neutralisiert werden kann indem sich der bewußte Teil des Urteilsvermögens widersetzt und es zurückweist.

Doch selbst wenn diese Vorgänge unbewußt ablaufen, daß ihr Vorliegen jedoch dem Bewußtsein in Klarheit erscheinen kann wenn das betreffende Individuum bereit ist, sich auf diese Klarheit einzulassen und die Gegebenheit als die zu erkennen was sie ist. Abgesehen davon ob deren Berechtigung aufgrund der gegebenen Umstände eventuell als gegeben hingenommen werden könnte. Oder die Überzeugung vor-herrscht, daß dieser Empfindung in keinem Fall stattgegeben werden sollte und sie unbedingt zu unterdrücken ist. Unabhängig davon ob dies gelingt, wenn die Absicht jedoch vorliegt und einen Wert an sich darstellt. Von der Gewißheit ausgehend, daß eine Haltung der Überlegenheit dem Gegenüber Schmerzen verursacht, und wo allein die Bemühung der Vermeidung von Schmerzen eine Gegebenheit von größtem Wert darstellt, indem ein Dasein von echter Qualität bedeutet, daß es so weit wie möglich frei von negativen Eigenschaften ist, unter denen Leid und Schmerz mit an vorderster Stelle einzustufen sind, die es sind die das menschliche Individuum am stärksten berühren.

Das Bewußtsein der höchsten Art ist jedoch in der Auffassung gegeben, daß die ultimative Bedeutung der Existenz als solcher zukommt. Sodaß letztendlich als höchstes Ideal die Bemühung darstellen würde, die An-gelegenheiten des menschlichen Daseins sich an dieser Perspektive ausrichten zu lassen, das Bewußtsein des Wertes der Gegebenheiten von dieser Verhältnismäßigkeit ausgehen.

Wobei freilich manchen Individuen solche Überlegungen keine Bedenken und schon gar keine mißlichen Empfindungen bereiten. Und auch hier wieder die Frage ob die jeweilige Mentalität angeboren oder anerzogen ist oder auf den vorherrschenden Umständen des Zeitgeistes beruht. Ob sich diese Mentalität zu wandeln vermag oder ob sie in der Psyche der Persönlichkeit festgeschrieben ist.

9

Wenn man etwa an das militärische und insbesondere auch nukleare Wettrüsten denkt, so mag sich als erstes ein Eindruck der Lächerlichkeit ergeben wenn man die Angelegenheit von außen her, vom außerirdischen Raum her betrachtet. Bei welcher Betrachtungsweise automatisch und instinktiv der Aspekt der Verhältnismäßigkeit die Haupt-rolle spielt und deren komplettes Fehlen es ist das den Eindruck dieser Lächerlichkeit auslöst. Denn man unternimmt auf dem im Verhältnis winzigen und begrenzten Bereich der Erdoberfläche diese Aufrüstung mit einem dermaßen großen Ernst und Verbissenheit, daß der Aspekt der Proportionen und Dimensionen komplett aus den Augen gerät, in denen er sowieso von Beginn an nicht war.

Natürlich kann ein solcher Eindruck der Lächerlichkeit im Zusammen-hang mit dieser Angelegenheit nicht aufkommen, wenn man diese aus-schließlich unter den Gegebenheiten der Beschränkung der Erdoberfläche betrachtet. So wie dies in der irdischen Wirklichkeit geschieht, mit der Folge daß der Angelegenheit der atomaren Aufrüstung größte Be-deutung zugemessen wird. Denn bei dieser handelt es sich um eine der potentiell tödlichsten Bedrohungen von denen die gesamte Menschheit in Mitleidenschaft gezogen werden könnte. Sodaß in solchen Grenzen gesehen in keiner Weise Anlaß zur Lächerlichkeit besteht, von der man somit auch nicht den geringsten Anflug feststellen kann. Was sich dann erst ändern würde wenn man den Gesichtskreis des Daseins aus der Begrenzung des relativ kleinen Planeten heraus auf das Weltall und letztlich auf die Existenz selbst erweitert.

Natürlich kann man als Individuum Entrüstung darüber empfinden daß diese Aufrüstung von anderen Individuen bestimmt und vollzogen wird ohne daß man selbst dazu befragt worden wäre und die Möglichkeit hätte über diese Angelegenheit mit – und im optimalen Falle selbst - zu bestimmen. Da man selbst doch das Individuum ist das zusammen mit anderen am meisten von dieser tödlichen Bedrohung betroffen ist und dessen Existenz auf dem Spiel steht. Obschon man bewußt ist daß man einer Gesellschaft angehört in der der Theorie gemäß die Mehrheit letztlich die Entscheidungen auch über Leben und Tod trifft. Dies ist das entscheidende Argument, indem man nicht wirklich annehmen kann daß die Mehrheit der Individuen sich solche Bedrohung wünscht oder sie wirklich für notwendig hält. Oder daß diese Mehrheit sich über diese Situation wirklich im klaren ist. Daß jedoch jedenfalls die praktischen Mittel der Kommunikation und Entscheidungsfindung eine andere Möglichkeit nicht zulassen sondern von dazu befugten Gremien vor-genommen werden. Wenn technologische Fortschritte es eventuell ermöglichen könnten, daß diese existentiellen Entscheidungen von der Gesamtheit der Individuen der Gesellschaft nicht an Gremien ausgelagert sondern auf direktem Wege getroffen werden können. Was wiederum nach wie vor davon abhängig wäre in dieser Meinung der Allgemeinheit die Stimme der Vernunft Berücksichtigung findet. Das heißt falls diese Meinung eine eigenständige ist und nicht eine von außen etwa von Medien oder Politikern übernommene. Die Hoffnung müßte dahin gehen daß im ferneren Verlaufe diese Stimme zu einer der Verhältnismäßigkeit würde.

Wer oder welche Instanz ist für dieses Wettrüsten verantwortlich, das sich derart verselbständigt zu haben scheint daß es anscheinend nicht gelingen kann ihm Einhalt zu gebieten. Noch auch daß ein Individuum – in Gestalt etwa eines Staatspräsidenten – einen solchen Versuch unternehmen könnte ohne daß es von allen Seiten als Verräter oder Schwachkopf oder als Schwächling bezeichnet würde. Insbesondere wenn niemand damit rechnen könnte daß andere sich an einem solchen Entschluß und dem ernsthaften Bemühen um seine Umsetzung beteiligen würden. Und solange nicht alle Gesellschaften der Erde Einmütigkeit in dieser Angelegenheit zeigen ist die Gefahr zu groß, daß ein Verzicht einzelner von ihnen diesen wirklich zum Nachteil gereichen könnten, wovon man bei bestehenden Verhältnissen ausgehen müßte. Die Einigkeit in dieser wie auch in vielen anderen Angelegenheiten scheint bei der Verstückelung der politischen Situation eben auch weit von der Erreichbarkeit entfernt, sodaß es auch hier der Schaffung einer politischen Einheit der Menschheit bedarf um diese tödliche Bedrohung bannen zu können, einer Bedrohung die in ihrem Falle von einer besonderen Brisanz ist.

Sodaß es einer dringenden Notwendigkeit entspricht daß man die Situation der Konkurrenz beseitigt, wie sie zwischen den menschlichen Gesellschaften besteht in denen die verschiedenen militärischen Dienste jeweils eigenständig und eigenmächtig darüber befinden, über welches militärische und insbesondere auch nukleare Potential sie verfügen wollen und nach ihrer Darstellung dringend und überlebensnotwendig müssen. Und wo eine Instanz wie ein Präsident es praktisch nicht wagen kann, dieser Situation Einhalt zu gebieten ohne seinerseits dermaßen in die Kritik zu geraten daß selbst große persönliche Standfestigkeit ins Wanken gerät oder fruchtlos bleibt.

Denn keine der die jeweiligen Gesellschaften regierenden Gremien will auf die mit ihrer Position verbundenen Vorrechte und Privilegien zu-gunsten einer ihnen übergelagerten Instanz verzichten. Noch auch daß die Bevölkerungen dieser Gesellschaften den Gedanken praktikabel und akzeptabel fänden sich mit etwaigen Beschränkungen ihrer Freiheit ab-finden zu sollen, wenn selbst die Ausuferung der nuklearen Aufrüstung und somit wachsende Bedrohung die Schaffung einer gemeinsamen Menschheit nahezulegen und gar dringend geboten erscheinen zu lassen vermögen.

Denn daß bei der Situation der militärischen und insbesondere der nuklearen Aufrüstung Blindheit vorherrscht ergibt sich daraus, daß dieses nukleare Potential über das die Menschheit verfügt eine derartige Dimension angenommen hat daß von Vernunft keine Rede mehr sein kann, indem ein weitaus geringeres Potential mehr als genügen würde um die Menschheit insgesamt zu vernichten und den Planeten Erde eventuell unbewohnbar zu machen. Die Situation besitzt einen noch verhängnisvolleren Charakter und zwar den daß logischerweise mit der Vermehrung und Ausbreitung des nuklearen Potentials und der Anzahl der darüber Verfügenden sich die Chance und die Gefahr gewaltig er-höht, daß es nicht bei dessen bloßem Besitz und der bloßen Drohung mit derselben bleibt, sondern daß die Situation aus dem Ruder geraten kann und die Gefahr der nuklearen Katastrophe zur Wirklichkeit wird. Und wenn man es letztendlich nicht von vornherein abstrus oder unmöglich fände sogar den Weltraum in die Angelegenheit mit einzubeziehen so wäre man von einer Abrüstung weiter denn je entfernt.

Die Bevölkerung der Erde ist eine Einheit, eine Gemeinschaft in der sich ihre verschiedenen Teile lange genug gestritten und bekämpft haben, sodaß es endlich genügen sollte und man sich die Vereinigung und Gemeinschaftlichkeit wahrlich verdient hatte. Wenn man den in all diese Auseinandersetzungen betriebenen Aufwand so betrachten und auffassen will daß er der Erreichung dieser Einheit und Gemeinsamkeit gedient hätte. Ob er wirklich in diesem Umfang erforderlich gewesen ist oder ob nicht auch ein Weniger zum Erreichen dieses Zwecks hätte genügen sollen ist eine müßige Frage da die Vergangenheit geschehen ist und sie aber noch ein gutes Ende gefunden hätte wenn die Einheit und Gemeinsamkeit der Menschheit zur Wirklichkeit geworden wäre.

Von welch großem Vorteil und Bedeutung solche Einheit wäre ergibt sich nicht nur aus den Bedingungen die in der Wirklichkeit des irdischen Daseins vorherrschen und diese Dringlichkeit immer stärker in den Vordergrund treten lassen. Sondern sie ergibt sich aus der kosmischen Situation, wenn es für den Planeten Erde jemals erforderlich werden sollte in Konkurrenz zu einem anderen Planeten treten zu müssen, von denen man annimmt daß das Universum in großer Zahl über sie verfügen mag, und die aus dem unheilvollen Beispiel der Erdbevölkerung keine Lehre ziehen würden, sondern statt in diesem Universum anderen Planeten friedfertig zu begegnen es ebenfalls wie die Menschheit untereinander auf gegnerische und feindliche Auseinandersetzungen ankommen lassen. In Konkurrenz eventuell um einen privilegierten Platz im Kosmos andere Mitbewerber aus dem Wege zu räumen versuchen, so könnte der Planet Erde solche Auseinandersetzungen natürlich nur unter Bedingungen der Einigkeit bestehen. Und selbst wenn solche Vorstellungen nie zur Wirklichkeit gelangen so können sie je-doch dazu beitragen, die Eindrücklichkeit der Situation zu steigern.

Wenn das menschliche Verhalten in seinen Beispielen der Blindwü-
tigkeit auf einem Bewußtsein beruht, welches die Stufe der Tierwelt
von der es herrührt noch nicht völlig überwunden hat sondern in
dem deren Spuren noch offenbar werden. Wenn sie andererseits
durch ihr Schaffen dem Aussehen der Erde eine große Qualität gegeben haben, selbst wenn sie auf der wieder anderen Seite nicht
davon Abstand genommen haben, in blindwütiger Manier ihre mit
viel Hingabe, Mühe und Aufwand geschaffenen Werke in großem
Stil wieder zu vernichten. In keinem der Fälle hätte man sich jedenfalls die Frage vorgelegt, ob man als Menschen, als Schöpfungen und
Kreaturen des Weltalls, das Recht besitzt ein Element des Universums zu mißachten ohne sich seiner Kostbarkeit bewußt zu sein.

Die einzige Instanz die in Frage käme solche Überlegung anzustellen
und in ihr wahre Bedeutung zu sehen wäre ein Bewußtsein der Existenz, so wie manifestiert im Universum. Wie widernatürlich das tatsächliche Verhalten dagegen jedoch großenteils ist läßt sich in der
Erscheinung des Planeten sehen, indem man dessen schöne natürli-
che Beschaffenheit in einen monströsen und obszönen waffenstar-
renden Gegenstand verwandelt hat dessen Bild in der Vorstellung
wie die Kugel eines Igels anmutet die wie mit dessen Stacheln mit
totbringenden Raketen gespickt ist.

Ebenso unverständlich daß die Menschheit es zuläßt daß solche
Maß-nahmen von einer Minderheit veranlaßt und vorgenommen
werden, gegenüber deren Zahl die der Gesamtbevölkerung derart
überwältigend ist. So müssen gewichtige Gründe für die Notwendigkeit oder jedenfalls dafür sprechen, daß diese Situation besteht und
hingenommen wird. Respektive daß sie wirklich so wie sie ist der
Auffassung der Mehrheit entspricht und daß diese weit davon

entfernt ist anzunehmen daß dieser Zustand nicht in ihrem Interesse liegt sondern diesem gar entgegen steht.

10

Es ist natürlich keineswegs so als hätte man sich um die Verbesserung der Qualität des Daseins nicht laufend bemüht, wenn Bestre-
bungen und Betätigungen mit diesem Ziel ein großer Anteil des Lebens gewidmet war. Wobei man immer verschiedener Meinung darüber sein kann, ob etwa die von den Machthabern getroffenen Entscheidungen und ihre Umsetzung jeweils in erster Linie dem Gemeinwohl oder der eigenen Macht galten. Und ob auch in den Gesellschaften die sich als Demokratien bezeichnen die privilegierten
Schichten nicht ihren Daseinsbedingungen bevorzugte Qualität sichern, was auf der anderen Seite bedeutet daß bei der Qualität des
Lebens des benachteiligten Teiles der Bevölkerung entsprechende
und zum Teil große Abstriche zu machen sind. Besteht somit die Aufgabe in der Bildung eines allgemeinen Bewußtseins der Kostbarkeit
des Lebens so müßte diese Aufgabe nicht von vorneherein durch
widrige Daseinsbedingungen sich als unmöglich erweisen. Die Be-
strebungen also darauf gerichtet, daß die Daseinsbedingungen es allen Individuen ermöglichen dem Dasein allgemein mit einem Bewußtsein der Kostbarkeit begegnen zu können.

Und wo die Gemeinsamkeit und Einheit der Welt nicht mehr als ent-
fernte Utopie angesehen wird, und nicht nur als Unerläßlichkeit sondern als Nutzen und Wohl. Und wo dieser Nutzen unter anderem
darin liegt daß unter solchen Bedingungen der Gemeinsamkeit es

leichter gemacht wird oder eventuell überhaupt erst ermöglicht, Bedingungen der Angleichung der Lebensbedingungen und der Existenzsicherung für alle Individuen dieser Gemeinschaft also aller Menschen dieser Erde zu gewährleisten. So wie dies innerhalb der Nationalstaaten im allgemeinen realisiert ist.

Wenn die einzelnen Nationalstaaten sich nicht mehr gezwungen sehen ihr Verhältnis zu anderen permanent unter Beobachtung zu halten, sich gegenseitig zu beargwöhnen und bemüht zu sein auf bestimmte Maßnahmen der anderen mit Konsequenzen zu reagieren. Wenn man davon ausgehen kann daß die einzelnen Nationen nicht mehr darauf anlegen anderen zu schaden, wenn man sich nicht mehr allgemein gehalten sieht sich in einer anhaltend angespannten Stimmung zu befinden muß, indem das geistige Bewußtsein und physische Verhalten voll und ganz mit dieser Situation befaßt ist und somit nicht für Gegebenheiten von ungleich größerer und letztendlich der existentiellen Bedeutung zur Verfügung steht.

Denn die Frage ist ob man bei gründlicher Erwägung der Situation des menschlichen Individuums auf dem Planeten Erde und somit im Universum es wirklich für ausreichend und dieser unschätzbaren Vergünstigung angemessen erachtet auf der Meinung und dem Verhalten zu beharren, daß diese kleinteilige Art der Befassung mit dem Dasein, so-wohl was die geistige Auffassung als auch die tatsächliche Verrichtung und Verhaltensweise angeht denn wirklich alles ausmachen kann, was man vom Leben erwarten will und das dieses Leben ausmachen sollte damit es einen Wert besitzt der seiner wahren Bedeutung entspricht. Ob das menschliche Individuum seiner wahren Bestimmung gerecht wird, wenn es permanent in die Angelegenheiten der konkreten Wirklichkeit mit ihren konkreten und gewöhnlichen Gegebenheiten verstrickt ist, ohne sich der weitaus größeren und wertvolleren existentiellen Dimension seines Daseins bewußt zu sein. Wenn sich der Horizont nicht viel weiter erstreckt als der der Tierwelt, wie deren Bewußtsein in der konkreten Wirklichkeit befangen und mit dieser voll ausgefüllt.

Woraufhin sich die Frage ergibt wenn nicht mit der Befassung der An-gelegenheiten der Lebenswirklichkeit worin sollten ansonsten die Gegebenheiten bestehen die den Inhalt des Bewußtseins ausmachen. Wenn an der Notwendigkeit dieser Handlungen und somit auch der Beteiligung des Bewußtseins an diesen konkreten Dingen kein Weg vorbei führt. Da sie dem Erhalt des Lebens dienen kommt ihnen allein von daher grundsätzliche Bedeutung zu. Freilich könnte die kritische Begutachtung an zwei Punkten ansetzen. Zum einen ob solche Not-wendigkeit wirklich sämtlichen oder vielen Aspekten und Gegebenheiten innewohnt aus denen die Realität sich zusammensetzt, ob im einzelnen deren Wichtigkeit oder gar Sinnhaftigkeit. Und zum anderen in Hinsicht auf die Möglichkeit, ein Bewußtsein der konkreten Notwendigkeiten des Daseins mit einem der existentiellen Kostbarkeit des Daseins zu vereinbaren. Und die Verrichtungen der Lebenswirklichkeit von einem solchen höheren Bewußtsein begleiten zu lassen, dem letztendlich die höhere Bedeutung zugestanden wird, sodaß ihm die Rolle der Überprüfung der Wirklichkeit auf ihre Sinnhaftigkeit und Verhältnis-mäßigkeit hin zufällt.

Natürlich besteht diese Forderung, das Dasein als eine Kostbarkeit auf-zufassen und zu behandeln, seit alten Zeiten und wurde sich von der Menschheit immer wieder ins Bewußtsein gerufen. Die aber im Großen und Ganzen vergeblich auf ihre Erfüllung gewartet hat. Wobei es freilich wenig sinnvoll wäre sich über die Details eines existentiellen Da-seins im Voraus auslassen zu wollen. Wenn man eine komplette Erfüllung dieser Erwartung kaum jemals erwarten könnte da sie einem Ideal entspricht das für das menschliche Wesen und die menschliche Natur eventuell unerreichbar wäre. Was aber dennoch mit sich brächte daß alle Fortschritte in Richtung auf dieses Ziel hin dem Menschen selbst höchst willkommen sein müssen, und selbst noch so geringe.

Solange man den existierenden Verhältnissen jedoch keine durchgehende und nachhaltige Qualität attestieren kann sind sie im allgemeinen von einer Beschaffenheit, die es in vielen ihrer Aspekte und Teilen dem Individuum unmöglich machen, das Dasein als eine Kostbarkeit aufzufassen sondern geben ihm eher zur gegenteiligen Auffassung Ver-anlassung. Das Dasein aus negativer Sicht zu betrachten und oft genug an ihm zu verzweifeln. Indem diese bestehenden Verhältnisse vom Individuen verlangen, sich der Situation unterzuordnen, sich einzureihen und anzupassen, um die Mittel für den Lebensunterhalt zu sichern, oh-ne nach seinen eigenen Bedürnissen zu fragen.

Es sei denn diese Situation entspricht zumindest in aller Regel seinen Wünschen und ist gerade in dieser Art und Weise dazu geeignet, seinen Bedürfnissen zu entsprechen. Denn diese Verhältnisse sind von den Menschen nach dieser Maßgabe geschaffen worden und werden durch ihr Verhalten in solcher Weise aufrecht erhalten. Es sei denn die-se Aussage entspricht der Realität in keiner Weise, indem diese Realität von einer Minderzahl von Individuen gestaltet und bestimmt ist und der Mehrheit keine andere Möglichkeit verbleibt als ihr Dasein dieser anzupassen.

Wobei man sich mit den Gründen befassen könnte warum es der Minderheit gelingt oder der Mehrheit nicht gelingt, ihre eigenen

Vorstellungen zur Durchsetzung zu verhelfen. Was es den menschlichen Individuen schwer bis praktisch unmöglich macht, ihr Dasein als Kostbarkeit anzusehen ist neben anderen Ursachen ihr Verhalten untereinander, das großenteils von Ressentiments, Aggression und Verachtung charakterisiert ist und natürlich ein weiteres Erschwernis darstellt, das Leben kostbar zu finden. Das heißt wenn man nicht über die Mentalität eines Heiligen verfügt der sich diese Niedrigkeiten zu erheben imstande ist. Sodaß man so gesehen sagen könnte oder müßte selber schuld, wenn sie sich durch solches Verhalten selbst um die Möglichkeit bringen, diesem Dasein eine gute Qualität zu geben und eine Situation zu schaffen die eine Zuwendung zu einem höheren Bewußtsein ermöglicht. Zu sagen daß sie dazu außerstande sind würde kaum auf ihre Einwilligung stoßen, denn höchst ungern wäre das menschliche Individuum bereit zuzugeben, daß es sich als unfähig erweist.

Es sei denn daß triftige Gründe dafür vorliegen, daß die Menschen sich statt eines Verhaltens des Wohlwollens für ein großenteils negatives entschieden haben. Wenn solche Entscheidung jedoch eher nicht auf einen bewußten Entschluß hin sondern eher instinktiv erfolgt. Sodaß eine maßgebliche Frage darin zu sehen ist ob eine Möglichkeit in um-gekehrter Richtung besteht, einem Verhalten das bewußt auf die Ver-meidung der negativen Eigenschaften setzt und sich stattdessen für die positiven des Wohlwollens und der Friedfertigkeit entscheidet. Wenn dies nicht mit den instinktiven Gefühlen nicht im Einklang stehen mag sondern diesen eventuell widerstreben. Wo jedoch in solchem Falle dann wieder eine Hoffnung bestehen mag, eine Hoffnung auf die Macht der Gewohnheit die in geistigen Belangen genau wie in physio-logischen ihre Wirkung ausübt und darauf hinausläuft, daß Gegebenheiten durch Nichtgebrauch zum Verschwinden gebracht und durch fortgesetzten Gebrauch zur Gewohnheit und letztendlich zur Angelegenheit des Interesses.

Zumal wenn es sich herausstellt daß die Angelegenheit mit der Erkenntnis verbunden ist daß sie dem eigenen Vorteil ungleich mehr dient als die negativen Verhaltensweisen dazu in der Lage waren.

Es liegen zwar gravierende Gründe für das Verhalten so wie es stattfindet vor, wenn die Menschen sich im Konkurrenzkampf behaupten müssen, was unweigerlich zur Verschärfung der Verhaltensweise führt. Selbst so steht jedoch die Frage im Raum ob dieses allgemeine Klima nicht statt von Aggression, Neid und Haß von allgemeinem Wohlwollen bestimmt sein kann. Und die Reihenfolge eine umgekehrte sein müsse, indem statt daß die Individuen darauf warten daß das Dasein die Qualität einer Kostbarkeit aufweisen möge, sodaß ihr Bewußtsein dann zu sagen und empfinden vermag daß dieses Dasein eine Gegebenheit ist die an Wert alles andere weit übertrifft, muß das Bewußtsein der Menschen zuvor die Überzeugung vertreten daß das Dasein existentiell die-se Kostbarkeit aufweist, um mit solchem Bewußtsein das Dasein anzu-gehen und zu bestreiten. Mit der sich daraus ergebenden Konsequenz daß Dinge und Verhaltensweisen unterlassen werden, die sich mit der Auffassung solcher Kostbarkeit nicht vereinbaren. Und andererseits den Gegebenheiten Vorschub leisten die der Qualität dieses Daseins dienen, sodaß es letztendlich der wahren Verhältnismäßigkeit entsprechen wird.

Indem solche Auffassung nicht nur die konkrete Situation der Wirklichkeit umfaßt sondern das Dasein in einen größeren Rahmen stellt, die es als Teil der kosmischen Wirklichkeit und seines Geschehens betrachtet. So erhält das menschliche Dasein als Teil des Universums, das von diesem hervorgebracht und geschaffen worden ist, die gesteigerte Geltung und Bedeutung, die sich aus der Tatsache ergibt daß ein Teil des Kosmos ist und daß es sich daher dieses

Privilegs würdig erweisen muß, statt es in Verhältnissen der Widrig-keit und relativen Nichtigkeit zu verbringen.

11

Seid ihr bekloppt? Kann man nur fragen wenn die ganze Welt zu-schaut wie ein wehrloses Volk zerbombt wird. Wo die Menschen endloses Leid ausstehen müssen, da sie keine Möglichkeit haben ein Gebiet zu finden in dem sie vor dem Bombenterror sicher sind, wo es zusehen muß wie seine Häuser völlig zerstört werden sodaß sie auch nach Be-endigung des Bombenterrors keine Möglichkeit mehr haben in ihre vorherigen Wohnungen zurückzukehren. Wo der Hun-gertod droht, da ihnen die Nahrung bewußt und gewollt vorenthal-ten wird. Und dies in Zeiten weltweiter Medien, vor den offenen Au-gen der Weltöffentlichkeit die dem Greuel untätig zuschaut. Und wo man nicht weiß ob man dieser wehrlosen Bevölkerung wünschen soll daß sie ihrerseits über die gleichen Waffen verfügen möge wie der Angreifer, nicht damit auch auf dessen Seite das gleiche Leid ver-ursacht würde, denn eine Vergrößerung des Leids kann nie wün-schenswert sein. Doch das Bestehen von Abschreckung und mögli-cher Vergeltung würde mit großer Wahrscheinlichkeit dazu dienen, das Leid von vorneherein zu verhindern. Sodaß wo und wenn die unterprivilegierte Bevölkerung dazu selbst nicht imstande ist müßte die Weltöffentlichkeit diese Rolle übernehmen.

Die Frage ist ob dieser Situation anders als mit der Frage begegnet werden kann ob alle bekloppt sind. Ob die Weltgemeinschaft es nicht besser wissen müßte als sich auf die Rolle des Zuschauers einer grauenhaften Situation zu beschränken. Natürlich meint jeder es besser zu wissen, nämlich daß die Gründe für die eigene Enthaltung denen des eigenen aktiven Eingreifens überlegen sind. Denn wäre das nicht der Fall so würde man die Situation nicht zulassen. Wenn die gesamte Welt ihren Abscheu über dieses grausame Geschehen zwar kundtut, ein Instrument für ein gemeinsames Eingreifen jedoch fehlt. Selbst wenn jeder Staat eventuell bereit wäre seinen Teil an gemeinsamen Kosten und Lasten zu tragen, sich jedoch davor scheut sich alleine zu engagieren. Wenn diese Aussage jedoch nicht nicht die Wirklichkeit widerspiegelt, indem es in Wahrheit Interessen sind die das Verhalten im einzelnen bestimmen. Und wo das allgemeine Bewußtsein nicht so weit gediehen ist daß in der Rangfolge der Interessen die Menschlichkeit den obersten Platz belegen muß.

Alle Welt beklagt das grausige Geschehen sodaß es an dahingehender Einmütigkeit nicht fehlt. Die Stimmen verhallen jedoch wirkungslos, was für niemand eine Überraschung darstellen wird. Was jedoch in dieser Situation deutlich wird und ebensowenig als Überraschung ist daß Gründe und Gesichtspunkte existieren denen man das Übergewicht über das Wohl der Menschen und der Kinder einräumt. Dies stellt wie gesagt keine Überraschung dar, eine Überraschung wäre dies allerdings für ein Bewußtsein der Existenz, das die Situationen nach den Kriterien der Verhältnismäßigkeit beurteilt.

Denn wundern würde man sich allerdings wenn man die Angelegenheit aus der Perspektive des Bewußtseins des Wunders der Existenz und der Kostbarkeit des Daseins betrachtet. In dieser Betrachtung nimmt die Existenz und das menschliche Individuum die unbestrittene Rolle der maximalen und ultimativen Bedeutung ein. Sodaß man für deren Heil zu allererst Sorge trägt und nach bester

Möglichkeit das Da-sein so einrichtet daß es auf jede vermeidbare Beeinträchtigung aber jedwede Förderung von deren Wohl ausgelegt ist.

Welches somit das gerade Gegenteil der hergebrachten, der überkommenen und so gut wie als selbstverständlich geltenden Verhaltensweise ausmacht. Die vor allem auf den eigenen in seiner Reichweite beschränkten Vorteil bedacht war und dem Gemeinwohl nur nachrangige Bedeutung beigemessen hatte. Mit der Folge daß das Individuum von deren Seite nur wenig Hilfe zu gewärtigen hätte. Und so fan-den sich die Kinder im Bombenterror allein gelassen, ohne Zuflucht zu einer Instanz nehmen zu können die ihnen effektiv helfen würde. So-daß am Ende ein Kopfschütteln zurückbleiben müßte darüber, daß die Menschheit sich gerade zum Gegenteil hatte veranlaßt gesehen, der gegenseitigen Vernichtung und Tötung in zahllosen Kriegen.

Ein solches existentielles Bewußtsein müßte freilich letztendlich von den Menschen in ihrer Allgemeinheit vertreten werden, denn im anderen Falle würden selbst wohlmeinende Regierungen von ihrer Bevölkerung niedergeschrieen respektive nicht wieder gewählt, wenn diese Bevölkerung in ihrem Bewußtsein nicht über den Stand der egoistischen Vorteilnahme hinaus gekommen ist. Wie auch im anderen Falle eine zu Wohlwollen und Friedfertigkeit neigende Bevölkerung nicht zu verhindern imstande wäre, eine zur Autokratie neigende Regierung davon ab-zuhalten, ihr Gemeinwesen in feindliche Auseinandersetzungen zu verwickeln, sei es militärischer oder auch ziviler Art, und wo die Lasten und Kosten auf die Bevölkerung entfielen. Obschon in der Mehrzahl der Fälle davon ausgegangen werden kann daß die Interessen und die Auf-fassungen der Regierungen und ihrer jeweiligen Bevölkerung sich decken, sei es durch entsprechende Überredungskünste der ersteren oder eben wie in Stalins Fall durch Zwang.

Wenn sich allerdings auch seit alters her abweichende den Frieden vertretende Meinungen immer vernehmen lassen, ohne jedoch eine durchschlagende nachhaltige Wirkung auf die Art der Lebenswirklichkeit ausüben zu können. Mit der Frage auf welche Art und Weise dem Wohl der Menschen am besten gedient wäre, wo die materiellen realen konkreten Gegebenheiten jedenfalls nicht imstande sind dieses al-lein zu gewährleisten. Denn mit deren bloßer ausschließlicher Berücksichtigung wird stets wieder ersichtlich, daß es dem Dasein an wahrer Qualität mangelt, die nur durch die Beachtung der Verhältnismäßigkeit erreicht werden kann. Unter deren Perspektive die maximale Kostbarkeit nicht den materiellen sondern den existentiellen Aspekten zufällt. Wo und indem das Dasein und das menschliche Individuum die Rolle der ultimativen Bedeutung einnehmen, nicht die Äußerlichkeiten.

Bei solcher Betrachtung stellt sich zwangsläufig die Vergegenwärtigung ein, daß ein maßgebender Teil der menschlichen Daseins- und Verhaltensweise mit den Gegebenheiten der Verhältnismäßigkeit nicht in Einklang gebracht werden kann. Es sei denn daß man gelten läßt daß wenn bestimmte Angelegenheiten von Menschen für wesentlich gehalten werden daß für sie die Beachtung der Verhältnismäßigkeit damit gegeben ist. Indem man der Einschätzung persönliche und individuelle Gesichtspunkte und Auffassungen, zum großen Teil auch von der All-gemeinheit vertretene zugrunde legt, jedoch aber nicht die Maßstäbe die nach existentiellen Kriterien gelten müssen, die wie der Name sagt die Verhältnismäßigkeit an der ultimativen Wesentlichkeit der Existenz ausrichten.

Und wenn man in diesem Zusammenhang den Ausdruck widernatürlich für manche menschliche Verhaltensweisen verwenden will
so könnte argumentiert werden, daß der Mensch bei seinem Verhalten seiner Natur folgt, welche wie eben sein ganzer Organismus
aus der Tierwelt stammt. Und wenn es niemand einfallen würde einem Tier seine Grausamkeit vorzuhalten, jedenfalls nicht in der Erwartung von dessen Einsicht in die Unrechtmäßigkeit oder gar Unverhältnismäßigkeit seines Verhaltens.

Sodaß wenn von einem Bewußtseinswandel auf individueller Ebene
nicht auszugehen ist die Rolle von dessen Entwicklung der Öffentlichkeit der Allgemeinheit zufallen muß. Obschon rein logisch gesehen die-se sich aus Individuen zusammensetzt, die dann zumindest
zu einem großen oder ausschlaggebenden Teil über ein entsprechendes Bewußtsein der Kostbarkeit des Daseins verfügen müssen
und es schaffen und darauf bestehen, diesem Bewußtsein zu seiner
allgemeinen Durchsetzung zu verhelfen. Es zu einem allgemeinen
vorherrschenden werden zu lassen, zu dessen Beachtung die Individuen gehalten sind und gegen welches letztendlich kein Zuwider-
handeln denkbar und vor allem nicht akzeptabel ist, da man für die
Einhaltung und den Fall einer eventuellen Verletzung konkrete Vor-
sorge getroffen hat durch Einrichtung einer entsprechenden Instanz.

Die in solchem Falle eine mit letztlich weltweiter Zuständigkeit wäre,
auf der Basis einer weltweiten Organisation, welche durch die Vereinigung der Menschheit ins Leben gerufen wurde. Durch die man
extremen Auswüchsen individuellen sowie nationalstaatlichen Verhaltens der Verletzung des Gemeinwohls einen Riegel vorgeschoben
hätte.

Natürlich verfügen menschliche Individuen im Unterschied zu Tieren über eine immens größere Intelligenz. Dennoch ergibt sich in vielen Fällen der Eindruck daß sie sich in gewisser Hinsicht wie irrsinnig benehmen, insbesondere wenn man sieht wie sie übereinander herfallen. Bei den Tieren hält man dies für natürliches Verhalten und würde es nicht anders von ihnen erwarten. Sodaß man fragen muß was dem Menschen seine Intelligenz nützt, ob man ihn nicht sein Format betreffend unterhalb der Tierwelt ansiedeln muß, da sein aggressives Verhalten dem der Tiere gleicht, obschon er im Unterschied zu diesen über das Instrumentarium der höheren Intelligenz verfügt und daher ein besseres Einsehen in die Schädlichkeit und die Unverhältnismäßigkeit seines Verhaltens haben müßte. Dieses jedoch in wesentlichen Aspekten nicht zu nutzen versteht, sodaß man fragen muß was das Ganze wert ist.

Allerdings stellt sich in Anbetracht dieser Sachlage die Frage, ob diese Intelligenz über die Fähigkeit und die Kraft verfügt, daß sie die Ober-hand über die tierischen Instinkte erlangen und behaupten kann, und im besten Falle diese letzteren nicht nur zeitweilig sondern permanent zu unterdrücken in der Lage, im allerbesten gar sie zum Verschwinden zu bringen oder jedenfalls sie nicht wirksam werden zu lassen. Denn natürlich kann der Wert der menschlichen Intelligenz nicht nur nach dem Kriterium gemessen werden daß sie Leistungen von überragender Güte und Bedeutung hervorgebracht hat sondern müßte ebenso da-nach beurteilt werden inwieweit oder ob es ihr überhaupt gelingt, den negativen und schädlichen - für das Individuum selbst schädliche – Aspekten und Gegebenheiten des Daseins Herr werden zu können.

Natürlich ist es keineswegs ausgeschlossen, daß die menschliche Intelligenz, diese unendlich kunstreiche Befähigung, es letztendlich schafft, auf dem Planeten die Bedingungen zu bewirken die ihrem eigenen Wohl – dem Wohl der Menschen dessen Wesensmerkmal sie aus-macht - am meisten zuträglich sind. Wozu gerade die Bildung eines Bewußtseins die Voraussetzung ausmacht, das der Existenz, dem Da-sein, dem Leben, dem menschlichen Individuum die Kostbarkeit zuerkennt die ihnen unabhängig von ihrer Anerkennung zu eigen ist. Sodaß an die Stelle des tödlichen Existenzkampfes der Menschen untereinander und ihrer gegenseitigen Vernichtung der Gedanke der Gemeinsamkeit die Oberhand gewinnt und dazu führt, dieses Bewußtsein in die Wirklichkeit des Daseins auf der Erde umzusetzen.

Wenn freilich andererseits die Möglichkeit nicht ausgeschlossen ist viemehr eventuell eher die größere Wahrscheinlichkeit aufweisen mag, daß die Mehrheit der Menschen solchem Ansinnen mit ziemlichem Unverständnis mit der Frage begegnet warum sollen wir? Wenn die Daseinsweise so wie sie allgemein praktiziert wird zwar auch in ihrer Sicht gewisse Defizite aufweist, im übrigen jedoch im allgemeinen den eigenen Neigungen und Bedürfnissen entspricht. Indem man zumindest keine realistische Möglichkeit für einen grundlegenden Wandel derselben sieht . Wie es anders auch kaum zu erwarten wäre wenn sie die Menschen selber es sind, die diese Art der Daseinsweise ins Leben gerufen haben und sich ihr entsprechend verhalten. Und falls dieses Dasein gewisse Defizite aufweist, so würde dies nichts anderes bedeuten als daß diese entweder unumgänglich sind wenn man Natur und Wesen des menschlichen Individuums in Rechnung stellt. Oder eben daß man darauf baut daß diese konkreten Bedingungen mit ihren Unzulänglichkeiten und Defiziten einer Korrektur zugänglich sind, um die man unablässig bemüht ist, und diese auch mit einem gewöhnlichen Bewußtsein im Laufe der Zeit bewerkstelligen wird. Indem man dazu nicht des Mittels des Bewußtseins der Kostbarkeit des Daseins und des Wunders der Existenz bedarf. Das heißt wenn solches Bewußtsein dem Verhalten nicht überhaupt zugrunde liegt und im Unterbewußtsein instinktiv die Basis des Verhaltens und des Lebens ausmacht.

Denn die Menschen würden es vielleicht vorziehen, Ihren Mitmenschen in friedfertiger und wohlwollender Weise zu begegnen und von diesen in dieser Art begegnet zu werden. In welchem Falle die Frage im Raum steht warum sie es nicht tun. Wobei es sich von selber versteht daß ein Bewußtsein der Kostbarkeit des Daseins für ein solches Gelingen äußerst förderlich und eventuell letztlich unerläßlich ist. Es sei denn daß die Aussage in dieser allgemeinen Art nicht auf Sinnhaftigkeit beruht, indem die Individuen sich in dieser Hinsicht fundamental unterscheiden. Wo ein Teil es vorziehen würde sich effektiv und energisch mit ihrem Dasein und eben auch mit ihren Mitmenschen auseinander zu setzen statt ihr Dasein in zwar relativ reibungsloser aber auch ereignisloser Art und Weise zu verbringen. In zwar wohlwollender und friedfertiger Atmosphäre, aber eben auch einer Art Miteinander das keine Anregungen gibt nach denen der Sinn eher steht als nach einem plaziden und gemächlichen Dasein.

Wenn jedoch ein Bewußtsein des Wohlwollens keineswegs mit einem Dasein der Ereignislosigkeit und Langeweile gleichgesetzt werden muß, denn das Leben bringt selbst für den Wohlwollendsten mehr als genügend Aufregungen und Auseinandersetzungen mit sich als ihnen lieb sein kann. Zum anderen werden die Individuen die sich vom Dasein An-regungen und Abwechslungen wünschen finden, daß wenn sie in Extremsituationen geraten sich danach sehnen aus diesen heil hervorzugehen. Sodaß es vor allem gilt solch extremen Defizite nach Möglichkeit zu verhindern und vermeiden. Welcher Wunsch sich freilich nicht nur beim Vorliegen eines

Bewußtseins der Kostbarkeit regt, wo ein solches jedoch in ausschlaggebender Weise dazu beitragen kann dem Entstehen solch extremer Situationen vorzubeugen.

12

Die Hoffnung auf ein solches allgemeines Bewußtsein der Kostbarkeit des Daseins wird jedoch stark gedämpft oder ganz zunichte gemacht, das heißt wenn sie überhaupt vorhanden sein sollte, wenn
man um ein Beispiel aus den vielen herauszugreifen die die Geschichte darbietet, wenn man etwa an die Person von Gorbatschow
denkt, der sein russisches Präsidentenamt mit den besten Absichten
der Friedfertigkeit und des Allgemeinwohls angetreten hatte. Und
der es nicht bei entsprechenden Äußerungen bewenden ließ, sondern dessen Verhalten und Handlungen diesem Geist entsprachen.
Mit all den Konsequenzen die dies auch für seinen eigenen Staat bedeutete. Was natürlich keinen ungeteilten oder gar einhelligen Wi-
derhall bei seiner Bevölkerung, ins-besondere nicht bei dem Teil der
von der gegebenen Situation am meisten profitiert hatte, der an den
Hebeln der Macht saß und somit in der Lage, den Vorstellungen von
Gorbatschow effektiv entgegen zu wirken oder die Realität rückgängig zu machen insoweit sie geschehen war.

Denn insoweit die Konsequenzen darin bestanden, daß die von ihm
gedachten Maßnahmen eine Minderung der politischen und militärischen Bedeutung der USSR auf der Weltbühne nach sich zog war
ein großer Teil Rußlands damit in keiner Weise einverstanden. Sodaß die privilegierte Klasse in ihrem Widerstand keineswegs alleine
dastand sondern sich auf breite Zustimmung stützen konnte. Ein

Geschehen wie es anders auch kaum zu erwarten gewesen wäre, wenn in der All-gemeinheit nicht ein Bewußtsein der Kostbarkeit vorherrschte sondern wenn sich das Geschehen aufgrund des hergebrachten Bewußtseins der Macht vollzog. Vor allen Dingen eines Bewußtseins der Allgemeinheit das wie es sich in den Angelegenheiten der Geschichte immer wieder erwiesen und herausgestellt hatte das letztendlich außerstande war zu erkennen worin die eigenen Vorteile wirklich lagen. Sodaß es letztendlich nichts nützte, wenn ein einzelnes Individuum für sich über ein fortgeschrittenes Bewußtsein verfügte, selbst wenn es zeitweilig die Zügel der Macht in der Hand hielt, die ihm dann aber wieder entrissen wurden, um sie den Kräften zu überlassen die die Geschicke aufgrund des hergebrachten überkommenen Bewußtseins, dem der Kriterien der Macht zu lenken. Ohne eine Klärung vorzunehmen oder zu versuchen, inwieweit mit solchem Verhalten dem eigenen Nutzen wirklich gedient ist.

Eine Klarstellung der Situation entsprechend einem existentiellen Bewußtsein gelangt jedoch zu der Auffassung, daß den wahren Interessen der Menschheit mit nichts so sehr wie in einer Situation des allgemeinen Weltfriedens und des Gemeinwohls der Menschheit gedient ist. Anstelle der überkommenen und hergebrachten Daseinsweise permanenter Auseinandersetzungen und Feindseligkeiten unter denen die Individuen selbst am meisten zu leiden haben. Zu welcher Erkenntnis es eines existentiellen Bewußtseins nicht bedarf, mit dem grundlegen-den Unterschied freilich daß für das Bestehen eines solchen Bewußtseins eine andere Daseinsweise als die der Kostbarkeit außerhalb der Vorstellung steht.

Man kann andererseits freilich schlechterdings nicht einfach annehmen daß die Menschen nicht imstande wären sich selber über diese Situation im klaren zu sein. Wenn es dennoch nicht gelungen wäre einen Weltfrieden zu errichten so müßte dies bedeuten daß dessen Schaffung nicht innerhalb der Möglichkeiten lag ihn zu realisieren. Sei es daß der Zustand des irdischen Daseins an eine solche Vereinigung nicht denken ließ hätte ein entsprechendes Bewußtsein der Menschheit wirklich bestanden. Welches nicht entstehen konnte weil die praktischen Voraussetzungen fehlten.

Außerdem hätte man an eine solche Vereinigung der Menschheit nicht allein weil man sie für undurchführbar hielt sondern daß man sich dar-aus eher Nachteile als Vorteile versprochen hätte, da man sich anderen Teilen der Welt gegenüber im Vorteil sah und diesen nicht einbüßen wollte. Und auf der anderen Seite die Unterprivilegierten die nicht zu hoffen wagten daß die Wohlhabenden und Mächtigen ihre Weigerung aufgeben würden und auf ihre Überlegenheit oder auch nur Teile der-selben verzichten.

Sollte das Bewußtsein jedoch zur Erkenntnis gelangen, daß die Vorteile einer gemeinschaftlichen Menschheit gegenüber den Nachteilen weit überwiegen, die eine geteilte Welt mit sich bringt, so steht die Menschheit immer noch vor der Frage die sich nicht zuletzt aus machtpolitischen Aspekten ergeben würden, und die die menschlichen Individuen eventuell auch nie in der Lage wären zu allgemeiner Zufriedenheit oder überhaupt zu lösen, wie die Machtverhältnisse einer solchen Organisation zu verteilen wären. Wenn selbst in Extremsituationen Teile der Menschheit entsprechend der menschlichen Natur eventuell immer noch besorgt wären daß sie von anderen übervorteilt werden könnten.

Das Beispiel Gorbatschows liefert ein eindrückliches Beispiel dafür, daß ein Bewußtsein das in erster Linie nicht auf die Macht sondern auf das Gemeinwohl bedacht ist Mißerfolg für das betreffende Individuum mit sich bringt und und in einer Niederlage endet, wo andere Individuen mit der hergebrachten Überzeugung der Macht siegreich aus der Situation hervorgehen. Und das gesamte Geschehen unter der Vorstellung von deren Hauptsächlichkeit abläuft, ohne eine Bemühung um Klarstellung worin der wahre Vorteil entsprechend einem existentiellen Bewußtsein wirklich gelegen ist. Eine Bemühung die man nicht für erforderlich hält da sie an der festen Überzeugung der Wahrheit der gegebenen Vorstellungen nichts ändern würde, indem solche Vorstellungen wirklich den individuellen Wünschen und Bedürfnissen entsprechen und insofern was dies betrifft den jeweiligen Individuen wirklich als existentiell gelten würden.

Wenn man selbst die Versuche Vladimir Putins, die er zu Beginn seiner Amtszeit unternahm indem er im westlichen Ausland um eine Politik der Verständigung einkam, wenn man diesen Versuchen nicht von vorneherein die Ernsthaftigkeit hätte absprechen sondern sie als ernst gemeint auffassen und auf sie eingehen können. Selbst wenn es sich in der Folge herausgestellt hätte daß ihm nicht an echter Friedfertigkeit sondern an der Sicherung des eigenen Vorteils gelegen war so hätte man im Westen die Politik immer noch entsprechend darauf einstellen können, ohne daß dadurch große Verluste entstanden wären. Indem jedoch durch ein Verhalten der Gleichgültigkeit oder gar Ablehnung eventuelle Gewinne und Vorteile dadurch verloren gingen respektive nicht zustande kamen.

Natürlich ist man gehalten von diesen Dingen im Konjunktiv zu reden, wodurch aber eine positive Konsequenz nicht ausgeschlossen war. Denn Tatsache ist daß Europa und Rußland als direkte Nachbarn untrennbar miteinander verbunden sind, und daß diese

Gegebenheit bei allen Überlegungen eine Hauptrolle spielen müßte. Und die Meinung ist nicht abwegig daß die Chancen des späteren Krieges in der Ukraine sich eventuell stark verringert hätten, wäre das Verhältnis zueinander auf beiden Seiten von vorneherein durch größeres Entgegenkommen und Friedfertigkeit, wenn schon nicht Wohlwollen bestimmt gewesen.

Aus dem späteren Verhalten Putins, seinen Angriff auf die Ukraine, kann man nicht unbedingt den Schluß zieht daß man nicht zu Anbeginn seiner Regierungszeit hätte auf friedlichem Wege übereinkommen können. Sodaß spätere Bilder von unter dem Terror des Krieges leiden-den Kindern vermieden worden wären. Das Anliegen das von vorne-herein und auch die ganze Zeit über die oberste Stelle in allen Überlegungen einnehmen muß, bis zuletzt wenn die schrecklichen Geschehnisse Wirklichkeit geworden sind und nicht mehr ungeschehen zu machen sind. Ein fundamental wesentlicher Sachverhalt der im Verhältnis zwischen den Palästinensern und Israeliten in gleichem Maße verletzt wird, wo das Elend der dortigen Bevölkerung dem der Ukrainer nicht nachsteht. Obschon man solche Dinge nicht gegeneinander aufrechnen kann, was insbesondere den Individuen nicht gerecht wird die persönlich von diesen Mißverhältnissen betroffen sind. Und wo die Schuld der Menschheit schwer wiegt, die für diese Situation des Elends und der Mißachtung der Menschlichkeit die Verantwortung trägt, indem sie nicht zu allererst für eine Situation des Friedens sorgt die zur Verhinderung dieses Leids führt.

Wenn Individuen mit einer realistischeren Weltsicht eventuell von vorneherein – im Unterschied zu nachträglich - gesehen hätten daß etwa im Falle Putins mit ihm kein Übereinkommen hätte geschlossen wer-den können das nicht auch die Wiederherstellung der Größe Rußlands bedeutet hätte, was eben auf friedlichem Wege so gut wie undurchführbar war. Was nach seiner Meinung auf jeden Fall hätte wenn nicht die Wiedereingliederung der Ukraine so doch deren wenn schon nicht wohlwollendes so doch zumindest neutrales Verhalten bedeuten müssen. Also auf keinen Fall daß der Westen sich die Ukraine zuschlägt, selbst wenn der Westen darauf verweisen könnte daß dies ein Bestreben der Ukraine selbst dargestellt hätte.

Wenn jedoch auch hier die Gegebenheiten der Wirklichkeit eine stärkere Bedeutung haben mögen, eine Wirklichkeit die einerseits in der unmittelbaren Nachbarschaft beider Länder und andererseits in der Tat-sache von deren historischen Verbindung gegeben ist. Wo man freilich behaupten kann daß bei allen Überlegungen die Gewährung der freiheitlichen Entscheidung ausschlaggebend sein muß. Wo es sich dabei jedoch um Überlegungen handelt die in der politischen Wirklichkeit nicht die gleiche Stärke aufweisen wie Interessen. Und diese Wirklichkeit sieht so aus daß es nicht Rußland alleine ist das sich an seinen Grenzen zumindest neutrale aber keine potentiell gegnerischen Nachbarn wünscht. Eine Praxis die eine allgemein übliche darstellt und die insbesondere auch durch das Verhalten der USA belegt ist.

Rußland war somit nicht willens, eine Gellschaft an seinen Grenzen zu sehen die ihr Leben nach westlichen Prinzipien zu organisieren und mit deren Idealen und Werten zu leben geneigt ist. Eine Gesellschaft zumal deren Menschen man als wesensverwandt ansah und die in der Tat mit dem russischen Volk lange Zeit in Einheit gelebt hatte, vor allem auch in der Art ihrer Mentalität und Persönlichkeit mit der russischen wesensverwandt. Selbst so ist es aus Sicht der Ukraine die westliche Lebensqualität der russischen vorziehen würde die über relativ geringe Attraktion verfügen würde, sodaß der Eindruck entstehen könnte daß auch die russische Bevölkerung nicht abgeneigt wäre diesen westlichen Lebensstil mit seiner größeren Freiheit gegen den eigenen einzutauschen. Daß sie diesen Neigungen im Laufe der Zeit auch zur Durchsetzung verhelfen würde, indem die Unterdrückung der Freiheit unter den Bedingungen der zunehmenden Medien sich immer schwieriger gestaltet.

Welcher von allen Aspekten als Angelegenheit der wahren Ursache und andererseits als eventuell wirksamste Abhilfe in Frage kommen ist wie in all solchen Fällen definitiv kaum festzumachen. Sodaß wirklich nichts anderes übrig bleiben mag als den Kombattanten das Feld zu überlassen, da sie es in der Hauptsache sind die die Kosten zu tragen haben. Und wenn die sich ergebende Wirklichkeit eine der verschiede-nen Möglichkeiten kristallisieren läßt, von der man nicht mit Bestimmtheit sagen kann ob sie nicht auch anders aussehen können noch auch ob eine andere überhaupt möglich gewesen wäre. Welche Betrachtung man besser im vorneherein anstellt statt nachträglich wenn sie sowieso nichts mehr nützt. Wenn jedoch gerade was diesen Sach-verhalt anbetrifft ein allgemeines Bewußtsein der Kostbarkeit des Da-seins den mit größter Wahrscheinlichkeit am weitesten und tiefsten gehenden Aspekt ausmachen würde, der zur Vermeidung dieser und aller ähnlichen mißlichen Situationen geeignet ist.

Wenn man seine überlegene militärische und politische Macht zur Geltung zu bringen gedenkt so ist deren Vorteil in Wahrheit ein vermeintlicher beziehungsweise einer, der nur dann Bedeutung besitzt, wenn man die Situation der Daseinswirklichkeit mit dem herkömmlichen und hergebrachten Bewußtsein angeht, so wie es freilich allgemeinhin geschieht. Nicht jedoch wenn man dem Bewußtsein eine höhere Ebene zuweist, eine Ebene auf der das Dasein und die Existenz aufgrund ihres Wunders und ihrer Kostbarkeit über den Vorrang vor konkreten Gegebenheiten und Vorteilen verfügt.

Das Resultat ist in dem Zustand zu sehen den die Daseinswirklichkeit offenbart, wo der Planet Erde als waffenstarrende und waffengespickte Weltkugel erscheint, die ein Bild liefert das vom Universum unvorteilhaft absticht. Daß es aber besonders als es das menschliche Individuum mit seinem Bewußtsein hervorbrachte nicht die Absicht verfolgte, mit dieser Schöpfung eine zerstörerische, sinnwidrige und existenz-feindliche Szenerie aufzuführen wie der Mensch sie auf der Erde dar-bietet. Und würden die Menschen selbst den Anblick eines anderen Planeten gewahr, auf dem dessen Kostbarkeit und Einzigartigkeit über dermaßen geringe Geltung verfügt und verhunzt wird, so würden sie den Kopf darüber schütteln und ihrer Art gemäß außer Acht lassen, daß sie hier ein Abbild ihrer eigenen Heimat und von sich selber vor Augen haben.

Somit ist es eine wesentliche Frage ob es den Menschen gelingt, ihr Bewußtsein auf die erforderliche entsprechend höheren Ebene zu stei-gern, ob es ihnen auf Dauer wirklich genügt ihr kostbares Dasein in widrigen und unwürdigen Bedingungen bestehen und vorüber gehen zu lassen. Selbst wenn Anzeichen dafür sprechen mögen daß sich solche Entwicklung vollzieht, selbst wenn man nicht ohne Anlaß Hinweise wahrzunehmen vermeint die auf Fortschritte in Richtung auf ein wert-volleres Dasein deuten, so ist es jedoch andererseits auch bei Verhaltensweisen geblieben die im Gegenteil Zeugnis davon ablegen, daß die Menschheit in ihrer Allgemeinheit nicht der Qualität der Kostbarkeit ihres Daseins nicht die permanent höchste Stelle im Bewußtsein ein-räumen.

Die Entscheidungen der Regierungen werden von der Bevölkerung im allgemeinen befolgt, sodaß auch wenn man anderer Meinung sein mag für Individuen wenig Möglichkeiten bestehen diesen zur Geltung zu verhelfen. Und in Autokratien so gut wie gar keine, nicht einmal in freien Wahlen. Wobei man freilich nicht weiß was der weitere Verlauf der Zeit mit sich bringen wird, wenn sich etwa technologische Mittel derart entwickelt haben mögen daß sie aktuelle Abstimmungen der gesamten Bevölkerungen zu zur Debatte stehenden Themen ad hoc er-möglichen, die sich für die Regierungen als bindend erweisen würden. Doch untersucht man aus diesem Blickwinkel die Entscheidungen wie sie etwa im Vietnamkrieg in einer Gesellschaft die sich demokratisch nennt getroffen wurden, um ein Beispiel unter zahllosen herauszugreifen, so muß man feststellen, daß die Schicksale der Soldaten, die es sind die diese Entscheidungen in die Tat umsetzen müssen, unter Gefahr ihres Lebens, nicht die ausschlaggebende Rolle bei diesen Entscheidungen gespielt haben. Daß deren Auffassung und die der Mehrheit der amerikanischen und Weltbevölkerung sich immer stärker gegen diesen Krieg richtete ist ein trauriges Beispiel dafür, daß es natürlich ungleich besser gewesen wäre wenn diese Mehrheit diese Geschicke im Voraus gelenkt hätte und nicht im Nachhinein, wenn ungeheurer Schaden bereits entstanden war.

Was die Situation natürlich grundlegend ändern würde wäre wenn die Soldaten wie auch der überwiegende Teil der Bevölkerung sich der Auf-fassung der Regierung angeschlossen hätten, daß die Sicherung des amerikanischen Einflusses in Südostasien den Aufwand wert ist den man dazu aufzuwenden willens ist. Und wenn dieser Aufwand das eigene Leben, das der amerikanischen Soldaten einschließt – das Leben der Vietnamesen bezieht man in die Rechnung sowieso nicht ein, denn handelt es sich bei diesen wirklich um Menschen? - so liegt hier ein weiteres Beispiel dafür vor daß die

Kostbarkeit des Lebens weit davon entfernt ist die höchste Stelle im menschlichen Bewußtsein einzunehmen. Wenn nur am Ende dieser Auseinandersetzung die Stimmung der Bevölkerung vielleicht auf-grund von Erfolglosigkeit, nicht jedoch auf-grund von existentiellen Erwägungen umschwenkt.

Wenn schon bei solchem Bewußtsein und Geschehen von existenti-ellem Wert der eigenen Bevölkerung keine Rede ist so würde man es natürlich für die der gegnerischen Seite nicht erwarten. Obschon ein existentielles Bewußtsein keinen solchen Unterschied machen würde, wo es überhaupt klar wäre daß unter einem solchen Be-wußtsein die Situation dieser Art nicht vorstellbar ist; in einem sol-chen Bewußtsein ist für die Bombardierung von Mitmenschen kein Raum.

Sollten demnach Individuen sowohl der eigenen Seite als auch der gegnerischen Wert darauf legen, daß ihren wahren Interessen nicht in zweiter Linie sondern in erster gedient wird, so müssen sie selbst es sein die dafür sorgen daß dies geschieht. Und daß nicht in aller Offensichtlichkeit und Abscheulichkeit gegen diese gehandelt wird, wie es etwa im Falle von Hiroshima geschah, wo die Atombombe nicht erst am Boden sondern in der Luft bereits zur Explosion ge-bracht wurde, da auf diese Weise gewährleistet war daß mehr Indi-viduen dabei zu Tode kamen. Wenn dieses Geschehen an und für sich schon die Begriffe übersteigt, das jedoch noch einmal betont wie weit das menschliche Bewußtsein von dem der Kostbarkeit des Lebens entfernt und wie tief es noch in der Tierhaftigkeit verankert ist.

Nicht als ob eine Seite besser oder schlechter als die andere wäre, sondern es verhält sich einfach so daß einer der hervorstechendsten Ein-drücke die das Leben in seiner Gesamtheit vermittelt und eines seiner charakteristischen Merkmale von einem erschreckenden Mangel von Mitgefühl und Mitmenschlichkeit geprägt ist. Wäre dies anders so würde die ganze Welt sich nicht darauf beschränken als bloßer Zu-schauer zu fungieren, wenn eine immense militärische Übermacht eine wehrlose Bevölkerung in Grund und Boden bombardiert. In den Boden weil sie den Menschen nicht nur auf grausame Weise ihr Leben nimmt sondern auch ihr Zuhause. Nicht als ob man nicht allgemein Mitgefühl bekundet, das jedoch nicht echt ist respektive keinen wirklichen Nutzen hat weil man es nur bei diesen Bekundungen beläßt. Und in Wirklichkeit wohl froh ist daß man sich nicht zu engagieren braucht.

Davon abgesehn kann man nicht davon ausgehen, daß weitere Schilderungen solcher Unmenschlichkeit nach den Erfahrungen der Vergangenheit zu urteilen das Entstehen eines allgemeinen Bewußtseins des Mitgefühls wahrscheinlicher macht, denn sonst hätte dies lange geschehen müssen, wo es an Unmenschlichkeiten und auch deren Schilderungen in der Menschheitsgeschichte nicht gefehlt hat. Sondern daß dies wenn überhaupt jemals dann dadurch erfolgt, daß andere Aspekte die Oberhand im menschlichen Bewußtein gewinnen. Wobei die größte Hoffnung auf der Vorherrschaft der Verhältnismäßigkeit liegt.

13

Wo ist die Heimat? Die Heimat des Menschen ist zum einen überall auf der Erde, wenn man sogar so weit gehen könnte zu sagen daß auch der Weltraum seine Heimat des Menschen. Obschon man unter dem Be-griff Heimat im allgemeinen den Ort, Landschaft oder das Volk betrachtet dem man sich zugehörig empfindet. Dieser Begriff der Heimat müßte jedoch davor bewahrt werden daß er zu Zwecken eines Gefühls der Überlegenheit über Individuen anderer Gesellschaften verkommt. Sodaß um solcher Gefahr vorzubeugen der Begriff der Heimat die gesamte Erde umfassen müsste, als Heimat aller Menschen unterschieds-los, und der Begriff Gemeinschaft welcher das menschliche Individuum angehört die Gesamtheit der Menschheit umfaßt. Und dies wenn zu keinem wesentlicherem Zweck so zu dem überaus wichtigen, den Menschen die Veranlassung zu nehmen sich anderen Teilen der menschlichen Gemeinschaft gegenüber aggressiv zu verhalten.

Wenn allein schon die veränderten Lebensumstände, insbesondere die gesellschaftlich, freizeitlich und beruflich bedingten, einen häufigeren Ortswechsel und somit einen des Blickwinkels mit sich bringen, sodaß der Begriff und das Gefühl von Heimweh viel von seiner Aktualität verloren hat, so wie es in früheren Zeiten verbreitet war. Die Medien spielen hierbei eine große Rolle, da sie den Menschen in aller Welt die an-deren Teile der Erde und die dort herrschenden

Verhältnisse vor Augen führt. Und was mit Bestimmtheit eine Wirkung in dieser Hinsicht aus-übt ist das steigende Ausmaß der Migration. Bedingt durch den Wunsch nach besseren Lebensverhältnissen, zum wachsenden Teil je-doch auch durch die widrigen Folgen des Klimawandels.

Außerdem sind die Menschen in ihrem Verhalten und somit in ihrem Bewußtsein und Empfindungen nüchterner geworden, sodaß sie weniger als in vergangenen Zeiten dazu neigen Gefühle zu empfinden. Nicht aufgrund einer bewußten Entscheidung sondern aufgrund geänderter Lebensumstände, die besonders in der Arbeitswelt aber auch im gesellschaftlichen Umgang eher eine Mentalität der Nüchternheit erfordern. Wo eine solche der geistigen Schwerfälligkeit größere Schwierigkeiten hat mit den Bedingungen des Daseins zurecht zu kommen. Welche Bedingungen vor allen Dingen auch dadurch geprägt sind, daß sie im Unterschied zu früheren Zeiten weniger die Beschaffenheit von Dauer und Permanenz aufweisen sondern in charakteristischer Weise von laufen-den Veränderungen geprägt sind, die entsprechende Fähigkeiten und Einstellungen von den Individuen verlangen um sich auf diese schnell einstellen zu können.

Will man auf den Begriff und das Gefühl der Heimat nicht verzichten, so sieht man sich einer Situation gegenüber in der die Vorstellungen und Bedürfnisse der Individuen weit auseinander gehen, selbst wenn das Individuum aufgrund geänderter Daseinsbedingungen, zunehmen-der Kommunikation und Ortswechsel immer weniger in seiner jeweiligen Gesellschaft und Gegend verwurzelt ist. Ausschlaggebend ist je-doch, auch dies im Unterschied zu früheren Zeiten, ein Bewußtsein der Unangemessenheit, sich aufgrund der Vorzüge der eigenen Heimat ein Gefühl der Überlegenheit zu erlauben. Da zum einen bewußt ist daß andere Individuen ebenfalls stolz auf ihre Heimat sind, zum anderen daß ein zur Schau getragenes Gefühl der Überlegenheit in den Augen anderer und auch der eigenen eine Minderung des Ansehens darstellt.

Als Folge spielen der Begriff und das Gefühl der Heimat in der Öffentlichkeit bei weitem nicht mehr die Rolle die es in früheren Zeiten inne hatte. Sollte man sich auf seinen Staat etwas zugute halten wollen so stellen sich umgehend Bedenken ein, daß man aus Gründen der Gerechtigkeit und des Anstands und der Mitmenschlichkeit diesem Gefühl und dieser Überzeugung nur dann freien Lauf lassen sollte und dürfte, wenn alle Menschen in allen Teilen der Welt über die gleiche Veranlassung verfügen würden, ihrem Staat, ihrer Landschaft, ihrem Volk die gleiche Zuneigung, das gleiche Gefühl und den gleichen Stolz entgegenbringen zu können. Selbst wenn die gegebene Situation in aller Re-gel so gut allen Individuen in allen Teilen der Erde zur Veranlassung dient, die jeweiligen Vorzüge auch ihrer Heimat zu schätzen und sie keineswegs als geringer als andere anzusehen.

Mit dem Begriff der Heimat wurde verbunden, daß man sich mit den dort ansässigen Menschen wesensverwandt fühlt, vereint durch gemeinsame Auffassungen und Verhaltensweisen, basierend auf einem bestimmten Volkscharakter. Diese Bedingungen sind in einer schnell-lebigen Zeit immer weniger gegeben, wenn es immer stärker zu Durchmischungen anstelle einer lange ansässigen Bevölkerung kommt. Wo manch einer diesen Wandel bedauern mag so ist jedoch nicht zu übersehen, daß das Kirchturms-Bewußtsein alter Prägung einer gewissen Engstirnigkeit entsprach die durch die geänderten Umstände einer größeren Weltläufigkeit weichen mußte. Wenn das Gleiche das für den Kirchturm gilt auch auf die Fahne zutrifft.

Wenn dieser Bewußtseinswandel sich in städtischen Kreisen eventuell besonders ausgeprägt gezeigt haben mag so geht die Entwicklung jedoch dahin, daß sich die Gepflogenheiten und Lebensweisen der ländlichen Umgebung von denen der Metropolen kaum mehr unterscheiden und diese Entwicklung bereits weitgehend vollzogen ist, bedingt durch die technologischen Kommunikations- und Verkehrsmittel die die Lebensbedingungen der Menschen mehr und mehr angleichen. Wenn sich allerdings beim Anblick der Städte unwillkürlich die Frage einstellt, ob und wenn ja wie Menschen die in einer solchen Steinglomeration ihr Zuhause haben diese als Heimat zu empfinden imstande sind. Es sei denn daß es zu einer solchen Empfindung nicht mehr wie in der Vergangenheit einer Gemeinschaft bedarf sondern daß entscheidend die private Situation des Individuums so beschaffen ist daß sie diesem zur Zufriedenheit gereicht und im günstigen Falle ein Gefühl der Heimat keineswegs unmöglich sein läßt.

Wenn sich die Begriffe der Zugehörigkeit unter technologischen Lebensbedingungen verlagert haben und ihre Quelle nicht im Volkstum sondern in Bereichen der jeweiligen beruflichen Umwelt oder denen der sozialen gesellschaftlichen Art haben. Was aufgrund ihrer Art und Natur bedeutet, daß sie statt in eng umschriebenen Grenzen von Standorten in weitläufigem eventuell weltweitem Bereich ihr Zuhause haben, dem man sich dann verbunden fühlt. An erster Stelle ist freilich nach wie vor die Familie zu nennen, obschon sich die Individuen in dieser Hinsicht in mehr oder minderem Maß unterscheiden mögen.

Die Frage dann letztendlich ob jedes menschliche Individuum des Gefühls der Verbundenheit überhaupt bedarf. Das heißt wenn man etwa in seinen Betätigungen und Gepflogenheiten weltweit also über alle Landesgrenzen hinaus unterwegs ist daß auch die politische Bedeutung dieser Landesgrenzen und somit der einzelnen Nationen als solchen im Schwinden begriffen wäre und in vielen Fällen und letztendlich ganz überwunden sein mag. Jedenfalls in ihrer unheilvollen Rolle die diese Grenzen als Inbegriff ihrer Nationen besaßen, da wo das Bestehen solcher Nationen eher Unheil als Heil für die anderen bedeutete, auf die man eher als Konkurrenten und Feinde blickte als auf Gesellschaften mit denen man den Planeten Erde zu teilen und gemeinsam zu bewohnen gesinnt war statt primär auf den eigenen Vorteil zu Lasten dieser anderen bedacht zu sein.

Wo die Mentalität der Bewohner dieser politischen Situation entsprach, also von nichts so sehr wie von Ressentiments, Gehässigkeit und Gegnerschaft geprägt, wo die Äußerungen des Chauvinismus der-art extrem, kaum zu ertragen waren, und das Handeln der Wirklichkeit dieser Mentalität entsprach. Wo es den Menschen selbst nicht bewußt war daß ihr Verhalten der Kostbarkeit ihrer Existenz in keiner Weise gerecht wurde und der Bedeutung ihrer eigenen Person durch und durch unwürdig.

Sodaß die Erwartung hoffentlich nicht täuscht daß mit dem erweiterten Horizont unter dem sich das Denken und Handeln der technologischen Daseinsweise vollzieht diese Erweiterung sich in Bezug auf die konkreten politischen Gegebenheiten vorteilhaft niederschlägt. Und daß die Menschen entsprechend dieser weltweiten Verbindungen dann die Welt als solche, den Planeten Erde in seiner Gesamtheit, als ihre wahre und gemeinsame Heimat betrachten und empfinden, so wie es der Sinnhaftigkeit entspricht, die man zusammen mit der Verhältnismäßigkeit außer Acht und Betracht gelassen hatte, zum eigenen Nachteil und Unheil.

Sollte sich über diesen Horizont des Heimatplaneten hinaus das Bewußtsein auf die Situation erstrecken, die das menschliche Individuum als Teil des Universums und somit als Manifestation der Existenz aus-macht, so hätte dieses Bewußtsein seinen Höchststand erreicht, ein Bewußtsein das dem Wunder dieser Existenz fast gleicht.

14

Soll man sein Zuhause als Heimat empfinden so müßte man mit seiner Situation natürlich zufrieden sein. Diese müßte jedenfalls dem Individuum die grundlegenden Erfordernisse des Lebens garantieren, wobei freilich in dieser Hinsicht die größten Unterschiede existieren in den Ansprüchen, die die jeweiligen Individuen an ihr Leben stellen damit sie es als zufriedenstellend ansehen und empfinden würden. Die Frage ist ob man diese Angelegenheit so formulieren kann, daß man als Außenstehender über die Lebenssituation eines anderen Individuums als eine befinden kann mit der er eigentlich zufrieden sein sollte oder aber eventuell die Berechtigung hat ein besseres Leben einzufordern.

Eine derartige Beurteilung der Lebenssituation richtet sich gemeinhin weitgehend an materiellen Gesichtspunkten aus. Diese Auffassung bringt jedoch die Gefahr mit sich, daß man öfter als nicht es schwer findet bei solcher Einschätzung zu einer Auffassung, Überzeugung und Empfindung der Zufriedenheit mit den eigenen Lebensbedingungen zu gelangen, da man immer wieder Beispiele vor Augen hat deren materielle Situation eine ungleich bessere und reichere ist als die eigene. Und daß dies das Verlangen aufkommen läßt daß was dem anderen zusteht auch man selbst haben sollte. Die Reklame und die Erfindung und stete Bereitstellung von neuen Artikeln und Verfahren tut ein übriges, um Anreize für die Ausdehnung der Bedürfnisse zu schaffen.

Dabei vergleicht man die eigene Situation gemeinhin nicht mit der der Ärmsten der Welt, in welchem Vergleich sich die eigene gemeinhin wie die eines Aristokraten ausnehmen würde, sondern man schaut nach oben oder jedenfalls ist man darauf aus, welche Gegebenheiten man sich noch anschaffen könnte oder sollte um die eigene Zufriedenheit zu verstärken. Wobei es wie gesagt schwer fallen mag eine Grenze zwischen genug, zuviel oder zu wenig zu ziehen da wo es sich um materielle Belange handelt. Wenn sich Zufriedenheit mit dem Leben leichter und eher einstellt wenn sich der Schwerpunkt des Lebens, das Hauptinteresse des Individuums von der materiellen Lage und Gegebenheiten auf die geistigen und kulturellen verlagert.

Zu allererst würden die Anforderungen die durch die Betonung der materiellen Daseinsweise an den Planeten gestellt werden sich durch eine Restriktion solcher Belastung umgehend vermindern wenn die die Erde und ihr Klima diese Überforderung auf Dauer nicht zu verkraften in der Lage wäre, nicht jedenfalls wenn sich anhand der Zunahme der Welt-bevölkerung und deren gesteigerten Ansprüchen der materielle Konsum weiterhin steigert.

Denn wo von der Weltbevölkerung die Rede ist erhebt diese zunehmend Ansprüche auf einen zumindest menschenwürdigen Lebensstandard. Und es obliegt der Menschheit diesen Ansprüchen zu entsprechen, nicht zuletzt auch im eigenen Interesse, da falls dies nicht freien Willens geschieht die Menschen der benachteiligten Gegenden der Welt sich diese ihre Rechte durch Migration und eventuell mit Gewalt zu verschaffen suchen. Außerdem müsse die Empfindung der Fairness und der Gerechtigkeit dafür Sorge tragen daß nicht bei eigenem Wohl-stand gleichgültig auf das Elend dieses anderen Teiles der Menschheit geschaut wird.

Eine Reduzierung der materiellen Belange zugunsten einer stärkeren Verlagerung auf geistige und kulturelle Gegebenheiten würde materielle Ressourcen frei machen die zuvor dem eigenen Konsum gedient hatten und die nun der Verwendung zur Verbesserung der Lebensbedingungen derer zugute kommen lassen die ihrer bitter bedürfen. Diese Entwicklungen und Wandlungen sowohl des Bewußtseins wie auch der Verhaltensweisen müßten auf einer weltweiten Basis geschehen um nicht unter den Teilen der besser gestellten Welt es zu Auseinanderset-zungen kommen zu lassen.

Diese Entwicklung liegt wie gesagt im eigenen Interesse, denn sollten die Menschen sich wünschen daß sie ein schönes Heimatgefühl zu empfinden in der Lage wären so ist eine der Voraussetzungen hierzu daß die Individuen und Gesellschaften Menschen um sie her sich eben-so eines solchen Gefühls erfreuen können. Da wo dies nicht so ist niemand beruhigt sein kann daß man ihm seinen Frieden läßt. Und er-freuen sie sich an der Schönheit ihrer Heimat so müssen sie sich mit den Bewohnern der benachbarten Landschaften freuen daß diese ebenso ihren Stolz und ihre Freude an der Schönheit ihres eigenen Landes zu empfinden vermögen. Ob zu Ost oder zu West, Süd oder Nord, und letztendlich nicht nur die der engeren Nachbarschaft sondern die der Erde weltweit.

Wenn ein Individuum voller Unverständnis und dennoch mit einer Empfindung der Unbegreiflichkeit auf das Entsetzen schaut, das

Menschen sich in ihren Kriegen gegenseitig bereiten, so wäre der nächste Gedanke derjenige der Verwunderung warum nicht in allen Individuen eine solche Empfindung der Unbegreiflichkeit vorherrscht. Denn daß dies nicht so ist ergibt sich aus der Tatsache derartiger Wirklichkeit, die bei einem allgemeinen Gefühl der Unbegreiflichkeit so nicht stattfinden würde. Sondern daß man davon ausgehen muß daß diese Geschehnisse wenn nicht auf einem Bewußtsein ihrer Natürlichkeit und Selbstverständlichkeit und in jedem Falle der Notwendigkeit, so doch jedenfalls nicht auf dem der undenkbaren Absonderlichkeit beruhen die ihnen von vorneherein keinen Raum im Denken und Geschehen läßt.

Die Frage somit ob bei solcher Verschiedenheit der Mentalität die eine die andere jemals zu verstehen oder nachzuvollziehen in der Lage sein kann. Würde solche Möglichkeit bestehen so müsse es bedeuten sich damit zur Persönlichkeit des anderen gewandt zu haben und in solchem Falle nicht mehr über die vorherige ursprüngliche Mentalität zu verfügen. Ob eine solche Möglichkeit jedoch überhaupt besteht?

Im allgemeinen gilt die Jugend als insensibel und rücksichtslos, gleich-gültig gegenüber den Schmerzen die sie durch ihr Verhalten bei ihren Mitmenschen hervorrufen. Selbst wenn sich dies keineswegs ausnahmslos derart verhält, denn die Persönlichkeit vieler Jugendlicher weist auch während ihrer Jugendzeit schon rücksichtsvolles, höfliches, wohlwollendes und mitfühlendes Verhalten auf. Sodaß es sich bei dieser Angelegenheit um einen Sachverhalt der von Kind an gegeben ist und sich im Lauf der Entwicklung nicht verändert. Was dann auch für den gegenteiligen Fall der Rücksichtslosigkeit gilt, selbst wenn gesagt wird daß das Alter im allgemeinen zu Weisheit und Mäßigung neigt.

Doch wenn von Stadien und Stufen der Entwicklung die Rede ist so handelt es sich dabei wiederum um eine Aussage der allgemeinen Art die auch in vielen Fällen zutreffen mag, so jedoch beileibe nicht ausnahmslos in allen. Denn so bietet sich die Wirklichkeit auf keinen Fall derart dar daß alle Individuen in ihrem Alter die Rücksichtslosigkeit und Rohheit abgelegt haben, die in ihrer Jugend bereits ihren Charakter bestimmt haben. Denn selbst wenn die schrecklichen Taten die in Kriegen geschehen von Individuen begangen werden die aufgrund der Natur der Sache also der körperlichen Anforderungen zu deren Durchführung erforderlich sind noch jüngeren Alters sein müssen so gilt diesen Taten jedoch der widerliche Beifall auch eines großen Teils der älteren Bevölkerung, die also so gesehen keineswegs weiser oder gemäßigter oder menschlicher geworden ist.

Wenn man gar sagen muß daß die Entscheidungen die zur Kriegsführung getroffen werden im allgemeinen von Menschen der älteren Generation her rühren. Und wenn diese Entscheidungen in der Regel der Zustimmung und Unterstützung der Bevölkerung bedürfen so setzt sich diese Gesellschaft zu einem immer größer werdenden Anteil aus Menschen fortgeschrittenen und auch hohen Alters zusammen, sodaß deren Beifall zum grausamen Kriegsgeschehen aufgrund ihres Alters umso abstoßender gelten muß. Wo es kaum erträglich anmutet wenn diese Individuen die von ihrem Ende bei weitem nicht so weit entfernt sind wie die Jugendlichen, wenn diese nicht dem Ende das sie in nicht allzu weiter Ferne erwartet wenn schon nicht in einer Stimmung der Empathie so doch in Resignation und Gelassenheit entgegen sehen können.

Die Frage ist somit kann eine Mentalität der Rohheit zu einer des Wohlwollens werden, oder kann diese Mentalität zumindest ihre

Rohheit loswerden. Indem dies von selber geschieht, bedingt durch gewisse Umstände, oder daß das betreffende Individuum selber versucht sich seiner Rohheit zu entledigen, und wäre erfolgreich in seinen Bemühungen. Was wiederum die Frage nach der Motivation aufwirft, ob diese vorliegt oder ob sie sich beschafft werden kann, und wenn ja eben aufgrund welcher Motivation. Und weiterhin die Frage nach dem Modus, auf welche Art und Weise solcher Wandel der Mentalität zu bewirken wäre. Oder sollte man annehmen, daß diese Anregungen und Bemühungen eher von außen her erfolgen müßten als aus der Persönlichkeit des betreffenden Individuums selbst hervor zu gehen.

Wenn allgemein eine friedfertige und wohlwollende Haltung als über-legen gilt so hört sich diese Empfehlung rein theoretisch lobenswert an. Ehe sie aber zur Weiterempfehlung uneingeschränkt taugt muß sie der Frage unterworfen werden, ob diese Geisteshaltung sich für das Bestreiten der harten Lebenswirklichkeit eignet. Und wenn man einer feindlichen Aggression mit einer solchen Haltung der Friedfertigkeit zu begegnen gedenkt so ist in keiner Weise sichergestellt ob man damit eine gleiche Reaktion der Gegenseite hervorruft, beziehungsweise ob man damit überhaupt auf Verständnis stößt. Und ob alle Individuen zu einer solchen Empfindung und Haltung überhaupt in der Lage sind. Sollte die Empfehlung sich darauf belaufen daß solchem Verhalten der Friedfertigkeit und des Wohlwollens auch unabhängig von dessen Wirkung oder Wirkungslosigkeit hohe Qualität zugesprochen werden muß, so mag sich dies aus der christlichen Lehre oder dem christlichen Verständnis heraus als lobenswert ausnehmen. Doch wenn sich ein Individuum diesem Verständnis als dem ultimativ gültigen nicht anschließen will so hängt die Frage von der Gültigkeit oder Überlegenheit von dessen Auffassung davon ab die Entwicklung des allgemeinen menschlichen Bewußtseins in Richtung solch größeren Wohlwollens und

Empathie bewegt, oder ob nicht das Bewußtsein eines großen Teiles der Menschheit unabänderlich von Ressentiment und Gehässigkeit geprägt bleiben wird. Gegen welches Wohlwollen und Empathie nichts auszurichten vermag, sodaß man von den christlichen Märtyrern im antiken Rom sagen müsse ihr Tod war vergeblich.

Die Frage somit ob man wirklich eine Überlegenheit der Haltung der Friedfertigkeit stipulieren muß die der Aggression nicht auch ihrerseits mit der gleichen Haltung begegnet. Wo die Friedfertigkeit natürlich uneingeschränkt zu begrüßen wäre wenn man sich dieser allgemein und ausnahmslos bedienen würde. Was jedoch im Falle des Angreifers nicht zutrifft. Sodaß wenn man diesem mit der Methode Gandhis des gewaltlosen Widerstands begegnen würde solche immer noch der kriegerischen Auseinandersetzung als überlegen zu gelten hätte. Im Unterschied zur bedingungslosen Friedfertigkeit jedoch nicht die Ge-fahr in sich trägt daß das Verhalten der absoluten Gewaltlosigkeit und Unterordnung als abstoßend wirken mag.

Solche Erörterung muß um sinnvoll zu sein, das heißt um eine echte Chance zu haben für das Bestreiten der Lebenswirklichkeit in Betracht kommen zu können unter der Bedingung und dem Vorbehalt stehen, daß die zur Rede stehenden Argumente nicht nur für eine sondern für alle Seiten gedacht sind und gelten müssen. Denn sollte ein Individuum sich einer Aggression oder Gewalt gegenüber mit Verständnis und Wohlwollen zeigen so müßte man es mit einem Heiligen der Zeiten von ehedem zu tun haben, oder mit Philosophen die die Gegebenheiten der Lebenswirklichkeit aus einer existentiellen Sicht heraus betrachten, und ihr Verhalten nach dieser Prämisse ausrichten daß es Wichtigeres gibt als die jeweils konkret gegebene reale Situation.

Dies sondern würde kaum jemand ernsthaft in Erwägung ziehen, weder die Individuen selbst daß sie solches Verhalten an den Tag legen, noch auch die Allgemeinheit als Empfehlung anbieten, die allerdings dem friedlichen Verhalten die Überlegenheit über die feindlichen Auseinandersetzungen einräumt. Welche Empfehlung dann darauf hinauslaufen würde daß der Menschheit fraglos besser damit gedient wäre wenn die Gewalt aus dem Leben verschwinden würde. Zunächst die physische da deren Folgen sich im allgemeinen in direkterer Weise auf das Leben auswirken als die der psychischen, selbst wenn die letztere ebenfalls solch negative Folgen selbst wenn versteckte nach sich zieht.

Wenn aber in diesen Fällen die Chance besteht daß die Zeit Wunden heilt sofern eine Heilung noch möglich ist, die im Falle der faktischen Tötung eben nicht mehr gegeben ist. Kaum jemand würde dem Glauben nachhängen daß eine Möglichkeit besteht, daß die Gewalt aus dem menschlichen Leben verschwinden könnte. Da jedoch eine Gewißheit über diese Unmöglichkeit ebenso wenig gegeben ist so muß es sinnvoll bleiben daß die Friedfertigkeit und das allgemeine Wohlwollen als Ideal weiterhin vorschweben.

Zumal wenn die Aussichtslosigkeit sich verringern mag wenn gewisse Aspekte eine Aktualität gewinnen die sie zuvor nicht hatten. Der maß-gebende besteht in einem gewandelten Bewußtsein, in einem Bewußtsein das Klarheit darüber gewinnt daß der Vorteil eines Daseins der all-gemeinen Friedfertigkeit und des allgemeinen Wohlwollens zu allererst dem eigenen Individuum zugute kommt. Und nichts ist von gleich starker Wirkung auf die Verhaltensweise wie die Überzeugung, daß sie dem eigenen Vorteil und ihr Gegenteil dem eigenen Nachteil dient.

Ein anderer Aspekt der sich aufgetan und aktuelle Bedeutung angenommen hat ist die Erkenntnis des gemeinsamen Schicksals dem die Menschheit entgegen sieht, in Gestalt von Bedrohungen verschiedener Art, unter welchen die Gefahren des Klimawandels mit an erster Stelle zu nennen sind. Da zum einen die Menschheit in ihrer Gesamtheit und mit ihr der Planet als solcher betroffen ist, zum anderen Teil dieser Be-drohung nur durch die Zusammenarbeit der gesamten Menschheit effektiv begegnet werden kann, so ergibt sich daraus zwangsläufig die Notwendigkeit solcher Gemeinschaft. Woran niemand letztendlich vorbeikommt, das heißt wenn ihm sein Überleben etwas bedeutet, und davon sollte man ausgehen. Ist diese Situation jedoch gegeben so sollte an ebenfalls davon ausgehen daß sie von der Vernunft geprägt ist, daß man sie zum eigenen Vorteil neben dem menschengerechten Klima auch mit dem geistigen Klima der Friedfertigkeit und des Wohlwollens ausstatten müsse.

15

Die Mönche beteten für ihr eigenes Seelenheil, aber ihr Gebet richtete sich ebenso darauf, daß allen Menschen das Bewußtsein der Göttlichkeit zuteil werden möge. Sie beließen es nicht nur bei Gebeten sondern zum einen übten sie nach ihrem Grundsatz ora et labora auch praktische Tätigkeiten aus, zum anderen übten sie Missiontätigkeit aus um ihrem Glauben zur Verbreitung zu verhelfen. Wobei niemand unterstellen würde daß sie aus rein egoistischen Motiven handelten sondern daß ihre Bemühungen nach ihrem Verständnis dem Wohle der Mit-menschen dienen sollte. Und wenn ihnen ein Erfolg in dieser Beziehung beschieden war und ihnen dies ein gutes Gefühl verlieh so würde jedermann ihnen das vergönnen.

Die Frage grundsätzlicher Art in diesem Zusammenhang ist warum die-se wohlmeinende Einstellung und Handeln auch anderer Organisationen mit gleichen Zielen der Verbesserung des Daseins und der Vervollkommnung des menschlichen Bewußtseins es nicht vermochten, dem Dasein und dem menschlichen Denken und Handeln zu solcher Entfaltung echter Qualität zu verhelfen. Es sei denn daß man darauf hinweist, daß das Dasein im Laufe der Zeit solche Anzeichen und Merkmale der Verbesserung unbestreitbar aufweist, nicht nur was die konkreten Daseinsbedingungen betrifft sondern eben auch was Denken und Verhalten angeht. Wenn es nicht darum zu tun wäre, daß diese Fest-stellung sich nur auf gewisse und eben nicht alle Bereiche des Bewußtseins und des Daseins bezieht, wohingegen andere solche Verbesse-rungen keineswegs erkennen lassen. Wo die Unmenschlichkeit des Krieges nach wie vor keineswegs als undenkbar gilt und nicht zum Ver-schwinden gebracht werden konnte. Was außer einer Minderheit von Stimmen niemand für möglich oder was dies betrifft für opportun oder ratsam hält. Außerdem sind selbst die Fortschritte in Denken und Bewußtsein nicht derart verbreitet daß sie in allen Gesellschaften der Menschheit gleichermaßen zur Selbstverständlichkeit und zum Tragen gekommen wären. Obschon die Hoffnung nicht unbegründet sein mag daß in dieser Hinsicht geänderte Daseinsbedingungen im Laufe der Zeit deren zunehmende Angleichung zu bewirken vermögen.

Von einer Erwartung des totalen Erfolges ihres Wirkens – im Gegensatz natürlich zu solchem Wunsch – würden die Mönche kaum ausgegangen sein. Wenn ihre Gebete und ihr Wirken zweifellos dennoch Wirkung aufweisen konnten, selbst wenn diese sich nicht festmachen oder gar anteilmäßig beziffern ließ. Würde man die Meinung vertreten wollen die Religionen wären mit einer Höherentwicklung der Zivilisierung einher gegangen so kann man nicht sicher sein, ob dieser Prozeß nicht auch unabhängig vom Bestehen der Religionen stattgefunden hätte. Wenn andererseits jedoch gerade die Auseinandersetzungen aufgrund von religiösen Verschiedenheiten überaus zahlreich und verbissen waren. Wobei man wiederum nicht sicher sein kann ob nicht auch diesen Konfrontationen andere Gründe als religiöse, nämlich solche handfesterer Art wie meistens Gebietsansprüche, zugrunde lagen. Wo es sich in aller Regel um Macht und Besitz handelte, gegen deren Gewicht im Bewußtsein der Menschen die Religionen nichts Gleichwertiges entgegen zu setzen hatten. Im Und so liegt die Vermutung nahe daß dieses Übergewicht sich weiterhin behaupten könnte und nicht zum Ver-schwinden gebracht werden kann.

Es sei denn daß es sich tatsächlich im Verlaufe einer höheren Entwicklung des Bewußtseins herausstellen könnte, daß das Überwiegen dieser konkreten Gegebenheiten des Daseins dieses Übergewicht der Bedeutung in der menschlichen Auffassung an die Gegebenheiten geistiger Substanz verlieren würde, in der entsprechenden Wandlung des Bewußtseins aufgrund der Tatsache, daß diese immateriellen Werte dem menschlichen Geist ungleich mehr Zufriedenheit bescheren als die konkreten, die solchem Anspruch im Vergleich nicht mehr gerecht zu werden und die gewünschte Zufriedenheit nicht mehr zu gewähren vermögen. Wenn die Erfüllung der materiellen Wünsche unweigerlich der Enttäuschung Platz macht, wenn die gegenteilige Erfahrung bei dem Erleben der geistigen Werte diese den bevorzugten Gegenstand des Begehrens sein läßt.

Was hätten die Mönche anders tun können oder sollen als das was sie in Ausübung ihrer Pflichten taten, mit dem Wunsch und der Erwartung, in der Allgemeinheit der Menschheit auf einen überlegenen Bewußtseinswandel hinzuwirken. Wenn man annehmen muß daß ihr Wirken segensreich war, selbst wenn der Anspruch auf universellen Er-folg sollte er bestanden haben weit entfernt davon war Wirklichkeit zu werden. Daß jedenfalls die Aussage, daß die Sache der Zivilisation ohne das Wirken des Mönchtums nicht so weit gediehen wäre wie sie es ist, nicht widerlegt werden kann, noch freilich auch mit verbindlicher Gewißheit behauptet daß es ohne sie nicht zu solcher Entwicklung der Zivilisation gekommen wäre. Wenn es dem Wirken der Mönche und der Religionen nicht gelungen war, einen solchen Bewußtseinswandel vom Belanglosen und Existenzwidrigen hin zum Wesentlichen zu erreichen,so könnte dies durchaus darauf hindeuten, daß ein solches Unter-fangen keine realistischen Aussichten der Verwirklichung hatte.

Allerdings mag die Ursache für dieses Mißlingen im Wesen des Themas liegen das den Religionen und somit dem Wirken der Mönche zugrunde lag. Sodaß wenn man die Göttlichkeit, die eine wesenlose ist, durch den Begriff und das Wesen des Wunders der Existenz ersetzt, dessen materielle Manifestation in der konkreten Form des Daseins man vor seinen Augen hatte, so kann an deren Gegebenheit kein Zweifel bestehn. Obwohl dem Begriff der Göttlichkeit seinerseits auch keine andere Substanz zugrunde liegen mochte als die des Wunders, die jedoch in deren Fall nicht so leicht mit den konkreten Gegebenheiten des Da-seins in Verbindung zu bringen war und daher dem gewöhnlichen individuellen Bewußtsein nicht so einfach zugänglich war. Wo die größere Wirklichkeitsnähe der Vorstellung eines Wunders den Zweck der Vergegenwärtigung eher zu erfüllen geeignet ist.

16

Die Flüchtlinge sind auf der Suche nach besseren materiellen Le-
bens-bedingungen, oder durch die Folgen des Klimawandels gezwungen ihre Heimat zu verlassen, oder auf der Flucht vor politischer Verfolgung. Nun ist es freilich keineswegs so als ob die Bewohner der gemäßigten Zonen, der schönen Landschaften, des ange-
nehmen Klimas und stabiler politischer Verhältnisse sich zufrieden
gezeigt und einen ihrer günstigen Umgebung entsprechenden Lebensstil gepflegt, mit ihrem Leben und ihrer schönen Heimat zufrie-
denes Dasein genossen hätten das sich an all diesen schönen Dinge
erfreut und darüber hinaus keine unangemessenen weiteren Ansprüche an das Leben gestellt hätten. Wo im Gegenteil das Streben
und die Begierde nach immer mehr keine wirkliche Freude am Leben
aufkommen ließ, sondern daß sie selbst es waren die sich ihr Leben
verdarben indem sie sich wie zwanghaft immer wie-der in schreckli-
che und tödliche Streitigkeiten begaben, ohne Bewußtsein und Wür-
digung des Wunders der Existenz, der Kostbarkeit des Da-seins und
der Schönheit dieses Lebens.

Sodaß man immer wieder die Unvernunft als eines der hervorstechendsten Merkmale des menschlichen Wesens hervorgehoben
hatte, ohne dadurch jedoch eine Umkehr und innere Einkehr zu bewirken. Wenn die Frage ist worin die tiefere Ursache dieses Verhaltens zu sehen sein mag, und ob die menschlichen Individuen zu

solcher Zwang-haftigkeit unrettbar verurteilt sind. Freilich kann man einen gesunden Ehrgeiz für dieses ewige Streben verantwortlich machen, da dieser es war der erstaunliche Werke hervorbrachte, die nicht das Licht der Welt erblickt hätten wenn man mit seinem Los zufrieden sich zurückgelehnt hätte. Obschon es bei diesem Streben oft genug um materielle Vorteile ging, um deren Besitz man sich im Vergleich und Konkurrenz zu an-deren Individuen sah, was auch als Gradmesser der eigenen Fähigkeit und des eigenen Wertes diente.

Bei einer derart materiell eingestellten Welt ist es ganz natürlich, daß man allgemein von Überlegungen wenig wissen will die darauf abzielen, sich um ein Bewußtsein des Wunders der Existenz und der Kost-barkeit des Daseins zu bemühen und sich mit den existentiellen Aspekten zu befassen, solchen insbesondere die die Qualität des Daseins negativ beeinflussen. Im Unterschied zu den konkreten Maßnahmen die man zu dessen Verbesserung vornimmt, die jedoch ohne das Bewußtsein der Kostbarkeit stets nur Stückwerk zu bleiben verurteilt sind. Wo jedoch die Hoffnung nicht unbegründet sein mag, daß sich der Schwerpunkt des Bewußtseins auf die geistige Seite des Lebens verlagern wird, und zwar nicht nur bedingt durch einen Verzicht auf unverhältnismäßigen Konsum der den Planeten überfordert, und der vor allen Dingen von der Überzahl des unter-privilegierten Teiles der Erdbevölkerung nicht mehr hingenommen wird. Was zur Folge hat daß dieser Teil seine Ansprüche nicht nur verbal sondern auch real geltend macht indem er nicht nur leise son-dern laut an die Türen des Wohl-stands klopft oder sie einreißt.

Wo aber letztendlich die gesamte Erdbevölkerung zur Einsicht ge-langen wird daß man Verzicht auf übermäßigen individuellen Konsum und auf übermäßige Ansprüche an die Ressourcen des Planeten leisten muß. Und daß die Lösung des Problems in entsprechender

Verlagerung des Schwerpunktes des Daseins, nämlich des Bewußt-seins, auf die geistige Seite des Daseins gegeben ist durch die die konkreten zurückgedrängt werden und ihre Vormachtstellung ver-lieren die sie ehemals im Bewußtsein und somit im Dasein einge-nommen hatten.

Wenn der unterprivilegierte Teil der Erdbevölkerung nicht nur durch Hunger sich veranlaßt sah die Heimat zu verlassen, die durch Bedin-gungen unbewohnbar geworden war denen die Menschen nicht ohne weiteres mehr Herr werden konnten. Und wo insbesondere der Klima-wandel in der Hauptsache von den privilegierten Gesell-schaften verursacht wurde, die somit die Verpflichtung alleine von da aus gesehen hatten diesem Übel durch Verzicht auf übermäßigen Konsum und Reduzierung der Überbeanspruchung der Ressourcen entgegenzuwirken. Aber auch für einen Teil der Folgen einzustehen und Wiedergutmachung am unterprivilegierten Teil der Erde zu leis-ten. Die begrenzten Ressourcen des Planeten fair und gerecht zu tei-len statt durch überlegene Macht den eigenen Vorteil durchzuset-zen. Letztendlich auch im eigenen Interesse, da die Folgen des Kli-mawandels auch sie nicht verschonen. Davon abgesehen ist es je-doch neben dem Wandel des Klimas auch zu einem des Bewußtseins der Menschen gekommen, insbesondere der Individuen der be-nachteiligten Teile der Welt, die nicht länger wie in der Vergangen-heit diese Benachteiligung hinzunehmen gewillt sind sondern ihre gleichberechtigten Ansprüche in immer größerer Deutlichkeit anzu-melden und durchzusetzen bereit ist.

An erster Stelle muß jedoch die Feststellung stehen, daß dem menschlichen Wesen als Geschöpf des Universums die höchste Kostbarkeit zu eigen ist, abgesehen davon auf welche Art und Weise dieses Individuum das Dasein seiner Lebenswirklichkeit verbringt und gestaltet. Respektive mit der Überzeugung, daß ein solches Bewußtsein sich nur mit einer Daseinsweise abfinden würde die seinen Vorstellungen entspricht, Kostbarkeit nichts anhaben kann und keinen Abbruch tut. Die Frage ist allerdings, welcher Nutzen in der Feststellung der Kostbarkeit des Daseins liegt, wenn diese Gegebenheit des Wunders vom menschlichen Bewußtsein nicht realisiert werden und somit im konkreten Da-sein ohne Berücksichtigung bleiben.

Sollte eine der großen Katastrophen wie Klimawandel, Pandemie, Nuklearkrieg oder Mangel an Ressourcen aufgrund der Überbevölkerung die Menschheit heimsuchen und eine nachhaltige Reaktion fordern und in diesem Zusammenhang und durch deren Auswirkungen eventuell ein Bewußtsein der Kostbarkeit des Daseins mit sich bringen, so wäre solches Bewußtsein natürlich eine wertvolle Angelegenheit selbst wenn durch eine Zwangslage statt durch freie Erkenntnis hervorgerufen.

Doch wahrscheinlich nur mit einem Bewußtsein der ultimativen Bedeutung der Existenz wird die Menschheit zu einem gemeinsamen Handeln in der Lage sein und etwa die zur Abwendung einer verheerenden Katastrophe erforderlichen Maßnahmen gemeinsam angehen und bewältigen. Insbesondere entstehende Kosten die mit eigenem Verzicht verbunden sind nicht mehr mit größter Verbissenheit so lange und weitgehend wie möglich verhindern und nach Möglichkeit auf andere abzuladen. Da materielle Werte zusehends den ideellen Platz machen, nachdem deren Überlegenheit gegenüber minderwertigen materiellen sich im Bewußtsein durchgesetzt hat. Daß materielle Opfer und Einbußen im Vergleich zur Kostbarkeit des Daseins von verschwindend geringer Bedeutung sind, dessen Erhalt und Wertschätzung die oberste Stelle im Bewußtsein und somit im Verhalten einnehmen muß.

Sodaß letztlich das allgemeine wie dann auch das individuelle Bewußtsein zur Selbstverständlichkeit geworden ist, daß es sich bei der Existenz als solcher um ein Wunder, bei dem menschlichen Dasein und dem Planeten Erde um eine Kostbarkeit sondergleichen handelt, mit der sich keine sonstige der materiellen Art vergleichen kann, und so schwindet die Bedeutung der letzteren und tritt zugunsten der geistigen Manifestationen des Daseins zurück.

17

Wenn etwa die politische Situation der Erde durch die Gegnerschaft zwischen den USA und China bestimmt ist so handelt es sich um eine solche wie die Weltgeschichte sie in entsprechender Weise immer wieder aufgewiesen hat. Deren Betrachtung scheint die Unmöglichkeit zu implizieren daß sie durch gegenseitig wohlwollendes und entgegen-kommendes Verhalten zur Friedfertigkeit oder gar Freundschaft vermittelt werden kann. Doch wenn man bedenkt wie viele zahlreiche Situationen entsprechender Art die Weltgeschichte zu verzeichnen hat, in denen man sich ewige Feindschaft geschworen hatte und ein gutes Verhältnis außer Frage stand, wo man es sich nicht anders hätte vor-stellen können als daß diese Feindschaft und politische Gegnerschaft auf ewig andauern müsse. Und doch waren all diese Situationen in der Regel nach dem Maßstab der Weltgeschichte von kurzer Dauer gewesen. Um einer wieder anderen der gleichen Art Platz zu machen.

Auch die Teilnehmer an diesen erneuten Veranstaltungen hatten das Beispiel der in der Geschichte vorangegangenen Ereignisse vor Augen, einschließlich insbesondere der Resultate mit denen sie endeten, die nicht selten gar in gegenseitiger Freundschaft mündeten. Und doch war die Menschheit außerstande gewesen aus dieser ewig sich wieder-holenden Situationen eine Lehre zu ziehen und der Überzeugung und somit der Wirklichkeit und dem Verhalten die

Durchsetzung zu verhelfen, daß nach den Lehren der Geschichte zu urteilen auch der aktuell bestehenden Lage keine nachhaltige Dauer beschieden sein wird.

Und daß man dieser Annahme entsprechend am besten fahren würde, oder daß dieser entsprechend überhaupt nur eine einzige Verhaltens-weise Sinn macht, das Resultat vorzuziehen und die Gegnerschaft nicht aufkommen und sich entfalten zu lassen sondern solche Situationen und insbesondere ihre Verschlimmerung insoweit zu vermeiden als sie Schaden anzurichten drohen. Denen mit der Mentalität des Wohlwollens ausgewichen werden kann und somit zum beiderseitigen Nutzen statt Schaden gereichen.

In solchem Falle würde die Frage sich freilich stellen wie das konkrete Verhältnis zwischen den beiden Weltmächten sich gestalten könnte. Sollte man der Gegenseite wirklich alles Gute gönnen und ihr viel Er-folg bei dem Erreichen ihrer Ziele wünschen. Dies würde natürlich voraussetzen daß man sicher sein könnte daß die Gegenseite auf ehrlicher Basis handelt, die ihr zufallenden Vorteile nicht zu Ungunsten und auf Kosten der anderen Seite nutzt, und daß sie dieser ihrerseits alles Gute wünscht, sich ihr gegenüber mit Wohlwollen verhält und wenn schon nicht tatkräftig unterstützt so ihr jedoch auch nicht im Wege steht. Und dies wiederum nicht auf Kosten und zu Lasten noch anderer Dritter, sondern das Wohlwollen wäre eines das sich auf die Gesamtheit der Menschheit erstreckt und von deren Seite ebenfalls allgemein und ausnahmslos vorherrscht.

Solcherart der Blick auf die irdische Lebenswirklichkeit von außen vom Kosmos her. Und im Unterschied dazu derjenige vom Innenleben dieser irdischen Wirklichkeit her, deren Individuen in die

Geschehnisse ihres Daseins in einer Weise verwickelt sind daß es ihnen unmöglich sein mag aus dieser Situation herauszutreten und sie von außen her, aus dem kosmischen Blickwinkel und dem kosmischen Maßstab zu betrachten und nach solcher Verhältnismäßigkeit einzuordnen.

Wo freilich unwillkürlich die Assoziation von Lebensfremdheit, Naivität oder gar Schwäche aufkommt immer wenn von Idealen die Rede ist. Denn die Situation der irdischen Daseinswirklichkeit ist nach wie vor die, daß der Blick der Menschheit auf ihr Dasein nicht vom Kosmos her sondern vom Innenleben des Individuums her auf diese fällt und somit weniger den Charakter des Ideals als den der Enge der Realität auf-weist. Hieraus ergibt sich die wesentliche Frage inwieweit es der Wirklichkeit möglich ist sich dem Ideal zu nähern. Welche Frage sich im vorneherein jedenfalls nicht definitiv beantworten läßt, sodaß man höchstens den Verlauf der Geschichte auf diesen Aspekt hin betrachten könnte, ob sich entsprechende Anzeichen dafür oder eher nicht ergeben. Könnte es jemals zu einer Situation kommen in der das Bewußtsein – und entsprechend das Verhalten – der Menschen eine Entwicklung erfährt die dem gegenseitigen Wohlwollen das Übergewicht über Ressentiment und Feindseligkeit konzediert?

Sodaß aus solcher Perspektive das Geschehen der irdischen menschlichen Wirklichkeit nicht von ultimativer Bedeutung sein kann wenn diese Position bereits von der Existenz als solcher besetzt ist. Sollte solches Bewußtsein das der Allgemeinheit ausmachen so würden die Individuen es übernehmen und das konkrete Dasein mit diesem angehen. Mit dem Bewußtsein das vor allem impliziert und verlangt, daß die Bedingungen des konkreten Daseins von einer solchen Qualität sind daß sie der Kostbarkeit der Existenz entsprechen. Die dem

Individuum den Grund und geradezu die Verpflichtung liefert, sich diesem Dasein dadurch erkenntlich und dankbar zu erweisen, daß sein Verhalten von Wohlwollen bestimmt ist.

Wo man in der Vergangenheit ein gegenteiliges Verhalten an den Tag gelegt hatte, wo man den Wert des Lebens großenteils so billig veranschlagt hatte daß man es achtlos wegwarf, ein Artikel ohne Wert. Wo man es immer wieder in zahllosen Kriegen darauf angelegt hatte, möglichst vielen Mitmenschen ihr Leben zu nehmen, im Gegensatz zu Wohlwollen. Wo es immer wieder dabei blieb daß vereinzelte Rufe nach Umkehr laut wurden, die jedoch wieder verhallten ohne daß sie auf wirkliches Gehör im Sinne einer nachhaltigen Überprüfung oder gar Verwirklichung stießen.

Denn solange die Menschheit sich nicht als Gemeinschaft präsentiert sondern in politische Einheiten unterteilt ist jede dieser Einheiten praktisch gezwungen, in egoistischer Weise auf ihren eigenen Vorteil bedacht zu sein und sich entsprechend zu verhalten, was zwangsläufig zu Lasten anderer Einheiten geschieht und die Gemeinschaft der Menschheit als in weite Ferne gerückt oder überhaupt unmöglich zu erscheinen. Indem Auseinandersetzungen in Form von entsetzlichen Kriegen ausgetragen wurden die nahezu als typisches und charakteristisches Merkmal des menschlichen Individuums und Daseins gelten können.

Würde man einen Planeten – und die Erde in besonderer Weise aufgrund des Vorhandenseins von Leben auf seiner Oberfläche – würde man einen Planeten in seiner Eigenschaft als ein Himmelskörper, als Teil des Universums allein aufgrund seines Vorhandenseins betrachten und das Bewußtsein sich über dieses Wunder seiner Existenz wundern lassen, so würde man es nicht für möglich halten daß man bei dessen Betrachtung die Tatsache des Wunders außer Acht und Betracht lassen könnte. Wenn darüber hinaus im gegebenen Falle ein Planet das Leben mit seinen Geschöpfen hervorgebracht hat so ist das Erstaunen und Verwundern natürlich umso größer. Wenn man dann jedoch wahr-nehmen muß, daß die seine Oberfläche bewohnenden Lebewesen sich in tödlichen Auseinandersetzungen unter Mißachtung des Wunders und der Kostbarkeit ihrer Situation zu vernichten trachten und nicht Abstand davon nehmen sondern im Gegenteil alles Mögliche unternehmen sich gegenseitig so viel Schaden wie möglich zuzufügen, so muß das Unverständnis über so viel Unverständnis ungeheure und eigentlich unbegrenzte Ausmaße annehmen.

Richtet man den Blick ausschließlich auf das konkrete Geschehen der Daseinswirklichkeit als solcher so ergeben sich sehr wohl Begründungen für diese Auseinandersetzungen, die sich hauptsächlich aus der Beschaffenheit der menschlichen Persönlichkeiten, ihrer Abstammung vom und teilweisen Verhaftung im Tierreich ergeben. Eine Angleichung der Lebensbedingungen, insbesondere im Hinblick auf Wohlstand würde viel dazu beitragen, die Ansprüche von seiten der unterprivilegierten Bevölkerungen weniger fundiert erscheinen zu lassen. Und die Er-kenntnis auf seiten der Wohlhabenden stärker werden zu lassen, daß man durch rechtzeitiges Teilen und Hilfe weniger verliert als wenn man es auf Gewalt ankommen läßt. Und indem in ganz besonderem Maß das Bewußtsein der Verhältnismäßigkeit dem Dasein und dem Individuum seine eigentliche Bedeutung verleiht.

Eng verbunden mit dieser gesamten Angelegenheit ist die Meinung die das Individuum von seiner eigenen Bedeutung hat. Nur wenn dieses Bewußtsein seiner wahren Kostbarkeit entspricht, eine Manifestation der Existenz zu sein die dieses Weltall in einer für den menschlichen Verstand eventuell unfaßbaren Weise der Konstruktion und Funktion geschaffen hat, wird seine Verhaltensweise und damit die Qualität des Daseins dieser Kostbarkeit entsprechen und sie widerspiegeln. Denn die psychische Beschaffenheit der menschlichen Individuen untereinander weist weit überwiegend die gleichen Wesensmerkmale auf, im Vergleich zu denen die individuellen Persönlichkeitsunterschiede im Vergleich jedenfalls nicht ins Gewicht fallen wenn es darum geht, daß die Qualität der Kostbarkeit sich unterschiedslos auf alle Individuen er-streckt und sie diese nur wahrnehmen müssen.

Welche Verschwendung an Ressourcen sowohl materieller als auch psychischer Art jedoch die herkömmliche Weise des menschlichen Zusammenlebens verursacht hat. Wenn man bedenkt, welchen Nutzen das Allgemeinwohl allein aus den verschwendeten Aufwendungen hätte ziehen können, die man für erbitterte und verbissene und zerstörerische und tödliche Kriege aufgewendet hat. Dieser Gesichtspunkt ist zwar immer wieder in den Mittelpunkt der Betrachtung zu rücken versucht worden, ohne jedoch grundsätzlich auf Beachtung oder jeden-falls auf nachhaltige Berücksichtigung und Umsetzung in der Lebens-wirklichkeit gestoßen zu sein. Wobei es offen blieb, ob das Unterfan-gen, sollte es ernsthaft angegangen worden sein, an den Unzulänglichkeiten des menschlichen Wesens gescheitert sein mag, und wenn ja ob diese Unzulänglichkeiten in der Natur der Persönlichkeit unausrottbar ihre Wurzeln haben oder doch sich für entsprechende Wandlungen zugänglich erweisen.

Menschlich waren Bewußtsein und Verhalten jedenfalls nicht, wenn man unter diesem Begriff sinnvoller Weise verstehen will, daß solche Werte wie Empathie und Mitgefühl die primäre, die herausragende Rolle spielen würden. Und wo kein noch so großer Gewinn den man sich durch ein Kriegsgeschehen zu verschaffen erhofft an Wert dem Leid oder der Freude nicht nur eines Kindes sondern eines jeden menschlichen Individuums gleichkommen kann. Und daß dieser Aspekt unweigerlich bei allen Belangen die ausschlaggebende Rolle spielen muß um dem Dasein die Bedeutung zu geben, die es aufgrund seiner Substanz besitzt.

Wo es um Vereinbarkeit geht, die Vereinbarkeit einer relativen Unwichtigkeit jedoch Notwendigkeit mit einer Wesentlichkeit ultimativer Bedeutung. Indem ein Verhalten das diese Vereinbarkeit nicht beachtet und respektiert leicht als Lächerlichkeit erscheinen könnte wenn man die Betrachtung aus dem existentiellen Blickwinkel heraus vornimmt. Zwar verbietet sich jeder noch so leichte Anflug von Ironie oder Lustigkeit wenn man an Leid und Schrecken der Kriege denkt. Und dennoch muß ein Eindruck von Unverständnis entstehen wenn diese Kriege vor das Bild des Bewußtseins treten und unweigerlich die Schieflage der Verhältnismäßigkeit aufrufen. Wenn die Verbissenheit mit der die Menschen in diesen zu Werke gehen nur Kopfschütteln darüber hervorrufen kann, daß man alle die Aspekte über welches das Dasein verfügt, und insbesondere sein Wesen der Kostbarkeit über diesem irrsinnigen Verhalten aus dem Bewußtsein verdrängt.

Angesichts der schrecklichen Folgen und der abgrundtiefen Leiden welche der Krieg verursacht hat verbietet sich eigentlich jede nachträgliche Beurteilung, und schon gar eine Rechtfertigung deren Billigkeit den Betreffenden leider nicht bewußt ist, dem Geschehen selbst jedoch in seiner Niedrigkeit kaum nachsteht. So wie die gleiche Situation auch für andere Gegebenheiten des Daseins gilt, wenn auch im allgemeinen nicht mit dem Kriege vergleichbaren Schrecken. Wobei die Hoffnun-gen sich daran knüpfen, daß ein solch existentieller Blick auf das irdische Geschehen, ein Blick von außen vom Weltall her, letztendlich geeignet sein könnte dieses irdische Dasein im Bewußtsein der Menschheit als im Vergleich zur Existenz von untergeordneter und nachrangiger Bedeutung erscheinen zu lassen. Sodaß man dieser Daseinswirklichkeit zwar mit seiner ganzen Kraft begegnet, da ihr die Notwendigkeit der Lebenserhaltung zugrunde liegt, dieses Engagement jedoch mit dem Bewußtsein der Verhältnismäßigkeit vornimmt, das dieses Dasein im Vergleich zur Existenz als nachrangig einordnet.

Der Planet Erde hat wie alle Himmelskörper als Teil und Manifestation des Kosmos Anteil an der ultimativen Bedeutung der Existenz. Diese Bedeutung vergrößert sich durch die Wesentlichkeit, daß er den menschlichen Individuen als Heimstatt dient. Und wenn dieses Individuum diesen schönen Planeten Erde und das schöne Leben auf ihm verlassen muß so kehrt es ins Weltall zurück, wo es vom Universum in dessen Datei aufgenommen wird.

Zeitfracht Medien GmbH
Ferdinand-Jühlke-Straße 7
99095 Erfurt, Deutschland
produktsicherheit@kolibri360.de